**BLV
IDEE
PRAXIS**

 E 21-

Helga Lederer
Hannerl Fehenberger

Kinderspiele
Kinderspielzeug
selbst gemacht

BLV Verlagsgesellschaft
München Wien Zürich

CIP-Kurztitelaufnahme der Deutschen Bibliothek

Lederer, Helga:
Kinderspiele, Kinderspielzeug selbst gemacht / Helga Lederer; Hannerl Fehenberger. [Zeichn.: Felicitas Buttig]. – München; Wien; Zürich: BLV Verlagsgesellschaft, 1985.
   (BLV Idee & [und] Praxis: Freizeit gestalten; 602)
   ISBN 3-405-12659-2

NE: Fehenberger, Hannerl:; BLV Idee und Praxis / Freizeit gestalten

An dieser Stelle möchten wir uns ganz herzlich für die Überlassung von Entwürfen und Arbeitsbeispielen bedanken bei:
Frau Melitta Arnold, 8229 Laufen
Herrn Andi Blüml, 8223 Trostberg
Frau Angela Mrzyk, 8941 Kronburg
Herrn Wilhelm Scheer, 8621 Buch am Forst
Frau Maria Wilhelm, 8223 Trostberg

Wir danken folgenden Firmen, die uns mit Material bei der Anfertigung der Arbeitsbeispiele unterstützt haben:
Beiersdorf AG, 2000 Hamburg
Cernit GmbH, 6072 Dreieich-Sprendlingen
Eckart-Werke, 8510 Fürth/Bayern
Filzfabrik Fulda GmbH & Co., 6400 Fulda
Ilse Heigl, 8000 München 90
Hobby-time Klaus-P-Lührs, 7995 Neukirch

BLV Idee & Praxis
Freizeit gestalten 602

Fotos: Helga Lederer
Titelfoto: Julius Negele
Zeichnungen: Felicitas Buttig

Satz und Druck: Georg Appl, Wemding
Bindung: Buchbinderei Auer, Donauwörth

Printed in Germany · ISBN 3-405-12659-2

Inhalt

Kinderspiele

Inhalt

Zu diesem Buch

Ist es denn überhaupt noch sinnvoll, Kinderspielzeug selbst zu basteln, wo es doch in Spielzeuggeschäften wirklich alles zu kaufen gibt? Wir meinen, gerade in der heutigen Zeit ist es wichtig, sich Zeit zu nehmen für die Kinder und mit ihnen gemeinsam etwas zu erarbeiten, zusammen mit ihnen zu spielen. Wir haben viele phantasievolle Spielsachen für große und kleine Kinder, für Buben und Mädchen entworfen und gebaut. Ein Mädchen braucht nicht viele Puppen zum Spielen, sondern nur eine mit vielen Kleidern und Zubehör, um abwechslungsreich spielen zu können. Kinder besitzen viel Phantasie, Spontaneität und Improvisationsvermögen, die man auf jeden Fall fördern sollte. Kinder haben Freude am Neuen und viel Mut zur Veränderung. Aus einem einfachen Stück Papier wird eine Möwe oder ein Ungeheuer. Aus ein paar Hölzchen wird ein Floß, welches, im Bach schwimmend, die tollsten Abenteuer erlebt.

Beim selbstgebauten Spielzeug geht es nicht so sehr um vollkommene, dauerhafte Werkstücke, sondern vielmehr darum, die Spielideen des Augenblicks zu nützen und umzusetzen. Ob nun Stelzen für ein Wettrennen oder das lustige Dosenspiel, ob Turnierpferde für ein Ritterspiel oder einfach nur ein Stück Kreide und ein Steinchen für die Hupfdohle: In diesem Buch ist für alle etwas dabei. Die Kinder sollten aktiv mitwirken und (wie z. B. Andi, 13 Jahre) eine Puppenküche entwerfen und auch bauen. Oder einen Hampelmann so gestalten, wie es ihrem Talent und Alter entspricht (Susi, 5 Jahre, hat hier einige Entwürfe gemacht).

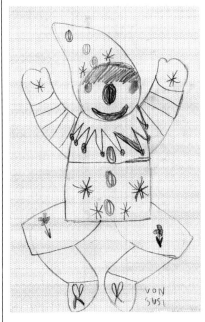

Da die beiden Autorinnen viele der Arbeitsbeispiele mit ihren Kindern selber gebaut haben, wissen sie, was Kindern besonders viel Freude bereitet, und das haben sie in diesem Buch berücksichtigt.

Wir wünschen Ihnen Spaß und gutes Gelingen!

Helga Lederer
Hannerl Fehenberger

Werkzeug und Material

Werkzeug für die Arbeitsbeispiele

Für die Arbeitsbeispiele sind nur wenige Spezialwerkzeuge nötig, die auf den folgenden Seiten vorgestellt werden. Die meisten Werkzeuge sind in jedem normalen Haushalt oder in einer kleinen Hobbywerkstatt vorhanden und benötigen keine ausführlichen Erklärungen.

Bohren

Bohrmaschine (elektrisch)
Da Bohrmaschinen heute verhältnismäßig preiswert sind oder man sie in Geschäften oder bei Freunden ausleihen kann, werden sie in vielen Fällen vorhanden sein. Es gibt eine Vielzahl von Spezialbohreinsätzen, die hier nicht erwähnt werden, da sie bei den Arbeitsbeispielen nicht benötigt werden.
Der am häufigsten verwendete ist der *Spiralbohrer* (auch für Metall geeignet). Für Löcher mit mehr als 6 mm ⌀ verwendet man den *Schlangenbohrer*. Für Löcher, die nicht durch das Werkstück hindurchreichen sollen, gibt es den *Forstnerbohrer*.

Bohrwinde
Sie wird von Hand betrieben und sollte einen verstellbaren Leerlauf rechts und links haben. Die verschiedenen Bohrer können leicht eingesetzt werden.

Nagelbohrer
(Schneckenbohrer)
Bohrt nach unten spitz zulaufende Löcher.

Messen und Anreißen

Ahle (Vorstecher)
Zum Anreißen von Bearbeitungslinien und zum Vorstechen von kleinen Löchern.

Lineal
Ein wichtiges Meßgerät zum Übertragen kleinerer Zeichnungen.

Meterstab
(Zollstock)
Ihn benötigt man bei allen größeren Tischler- und sonstigen Holzarbeiten.

Reißschiene
Erleichtert die Herstellung von Konstruktionszeichnungen. Sie wird an der Tischkante angelegt, so daß alle waagerechten und senkrechten Linien parallel übertragen werden können.

Zeichenwinkel
Hiermit können 45° und 90° Winkel gemessen werden.

Zirkel
Zum Schlagen eines Kreises ist ein Zirkel notwendig und mit einer Holzleiste ganz einfach selbst gebaut.

Werkzeug und Material

Glätten und Bearbeiten

Hobel

Hobeln ist nicht einfach, es erfordert Übung und Materialgefühl. Der Anfänger sollte sich auf Bestoßen und Brechen von Kanten beschränken. Es gibt eine Vielzahl von unterschiedlichen Hobeln. Für den Anfänger ist der Doppelhobel zu empfehlen, er hat auf dem Eisen noch eine Klappe, die ein Einreißen des Holzes verhindert.

Feilenhobel

Dieses Werkzeug ist eine »Kreuzung« aus Hobel und Feile. Es eignet sich für den Laien besonders gut zum Glätten von Holz, da es einfach und ungefährlich zu handhaben ist.

Raspel

Zum Ausrunden von Ecken und Kanten.

Schleifpapier

(Schmirgelpapier)
Gibt es in verschiedenen Körnungen von fein bis grob. Zum Glätten von bearbeiteten Holzflächen gut geeignet. Einfach um einen Holzklotz wickeln und mit leichtem Druck hin- und herfahren.

Stech- und Stemmeisen

Sie sind keineswegs ein und dasselbe, wie landläufig angenommen wird. Stecheisen sind seitlich abgeschrägt und Stemmeisen haben rechteckige Blätter. Stecheisen verklemmen sich nicht so leicht im Holz und erreichen auch spitze Ecken. Sie sind für feinere Arbeiten gedacht, Stemmeisen für gröbere. Es gibt sie in verschiedenen Breiten, ab 4 mm aufwärts, und mit unterschiedlich langen Klingen.

Sägen

Feinsäge

Geeignet für kleine Arbeiten, wie z. B. Zusägen von Latten und Leisten.

Fuchsschwanz

Eine Säge mit kräftiger Zahnung. Geeignet für Spanplatten, Sperrholz und für gröbere Schnitte.

Laubsäge

Geeignet, um schwierige Formen exakt aus Sperrholzplatten auszuschneiden.

Weitere Werkzeuge

Hammer

Für Holzarbeiten ist der wichtigste Hammer der Schreinerhammer, er hat 300 g Gewicht. In eine Werkzeugkiste gehören aber noch ein kleiner Hammer mit 100 g und ein großer mit 500 g.

Schneidlade

(Gehrungslade)
Hiermit bekommt man exakt im rechten Winkel geschnittene Latten und Leisten. Der 45° Winkel ist eine echte Gehrung, z. B. für Bilderrahmen. Den 90° Winkel bezeichnet man als unechte Gehrung.

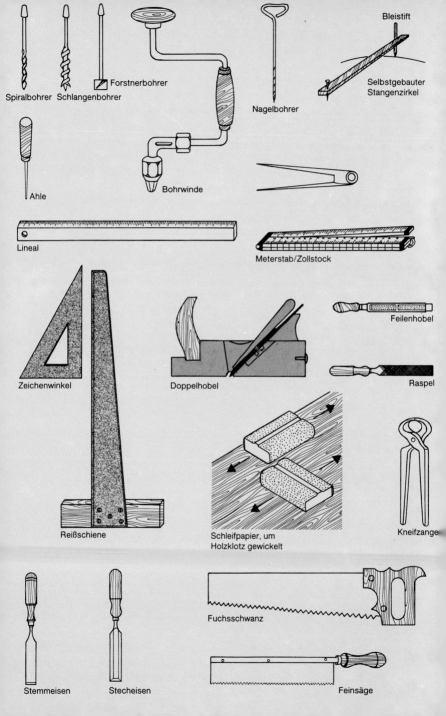

Spiralbohrer
Schlangenbohrer
Forstnerbohrer
Nagelbohrer
Bleistift
Selbstgebauter Stangenzirkel
Ahle
Bohrwinde
Lineal
Meterstab/Zollstock
Zeichenwinkel
Doppelhobel
Feilenhobel
Raspel
Reißschiene
Schleifpapier, um Holzklotz gewickelt
Kneifzange
Stemmeisen
Stecheisen
Fuchsschwanz
Feinsäge

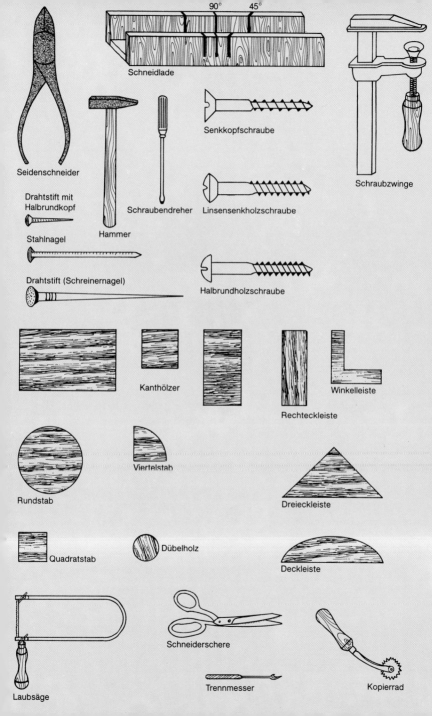

Schneidlade

Seidenschneider

Drahtstift mit
Halbrundkopf

Stahlnagel

Hammer

Schraubendreher

Senkkopfschraube

Linsensenkholzschraube

Schraubzwinge

Drahtstift (Schreinernagel)

Halbrundholzschraube

Kanthölzer

Rechteckleiste

Winkelleiste

Viertelstab

Rundstab

Dreieckleiste

Quadratstab

Dübelholz

Deckleiste

Laubsäge

Schneiderschere

Trennmesser

Kopierrad

Werkzeug und Material

Schraubendreher (Schraubenzieher) Es gibt Schraubendreher mit unterschiedlich breiter Klingenschneide. Der Schraubendreher sollte immer senkrecht im Schraubenschlitz stehen und die Schneide muß genau in den Schraubenschlitz passen.

Schraubzwinge
Ein praktisches und wirkungsvolles Werkzeug zum Festhalten und Pressen von Werkstücken, die man zusammenleimen, bohren, sägen oder anreißen möchte.

Schrauben
Es gibt die unterschiedlichsten Holzschrauben. Hier die drei gebräuchlichsten Typen:
Senkkopfschrauben (Flachkopf) sind für Verbindungen aller Art und zum Befestigen von Beschlägen. Sie können bis zur Holzoberfläche eingedreht werden. Durchmesser von 1,4–10 mm, Länge 0,5–15 cm.
Linsensenkholzschrauben sind ebenfalls für Verbindungen aller Art. Meist sind sie vernickelt oder verchromt. Der Kopf kann bis zum Rand versenkt werden. Durchmesser von 1,4–10 mm, Länge 0,7–10 cm.
Halbrundholzschrauben sind vielseitig verwendbar, auch für Beschläge ohne Senkloch. Der Kopf bleibt auf der Werkstückoberfläche stehen. Durchmesser 1,4–10 mm, Länge 0,7–13 cm.

Nägel
Fast alle Nägel sind Drahtstifte, aus Stahldraht hergestellt, mit rundem Kopf und durchlaufend gleichstarkem Schaft. Außer Eisenstiften gibt es auch Stifte aus Kupfer, Messing und Leichtmetall und solche, die aus Eisen bestehen, aber außen verzinkt, verkupfert oder vermessingt sind. Der *Drahtstift* ist der gebräuchlichste Nagel, es gibt ihn in den Stärken von 1,8–9 mm und in den Längen von 3,5–31 cm.

Zangen
Kneifzangen (Beißzangen) sind kräftige Zangen und dienen zum Herausziehen von großen Nägeln.
Seidenschneider (Zwickzangen) sind geeignet zum Abzwicken von Nägeln, Draht und Schnüren.

Werkplatten und Leisten

Hartfaserplatten und Lochplatten
3,2 und 4 mm

Spanplatten
6 – 8 – 10 – 13 – 16 – 19 – 22 – 25 – 28 – 38 mm

Sperrholzplatten
3 – 4 – 5 – 6 – 8 – 10 – 12 mm

Tischlerplatten
13 – 16 – 19 – 22 – 25 – 30 – 38 mm

Massivholzleisten
Gibt es in vielen Formen, Längen und Stärken: zum Verdecken, Halten, Schützen, Verzieren usw.. Sie sind gehobelt und naturbelassen zum späteren Beizen oder Lackieren.

Klebetabelle

Holz, Span- und Faserplatten, Kork	z. B. Pattex, Ponal, Stabilit-Dur, Pritt-Alleskleber, Pritt-Alles-Klebe-Creme, technicoll-H, technicoll-K, mod podge
Papier, Pappe, Karton, Fotos	z. B. Pritt-Klebestift, Pritt-Alles-Klebe-Creme, Pritt-Alleskleber, Stabilit-Dur, Ponal, Pattex, technicoll-V, technicoll-S, technicoll-St, mod podge
Stoff, Filz, Gewebe	z. B. Gütermann HT 2, Pattex, Ponal, Pritt-Alleskleber, Pritt-Alles-Klebe-Creme, technicoll-W, technicoll-S, technicoll-V, mod podge
Stein, Keramik, Porzellan, Glas	z. B. Stabilit-Ultra, Pritt-Alleskleber, Pattex, Stabilit-Express, Stabilit-Rasant, technicoll-Z_1, technicoll-Z_2, technicoll-V, mod podge

Textilbearbeitung

Kopierrad
(Schneiderrad)
Geeignet zum Übertragen von
Schnittlinien (= Durchradeln) mit
Hilfe von Schneiderkopierpapier.

Maßband
Wichtig für das Ausmessen und
Zuschneiden von Stoffen.

Nähnadeln
Gibt es in verschiedenen Längen und
Stärken, von Nummer 1–10 sortiert.

Schneiderkreide
Geeignet zum direkten Aufzeichnen
von Umrissen des aufgesteckten
Schnittmusters auf den Stoff.

Schneiderschere
Ist so gebogen, daß sie beim Schneiden des Stoffes auf der Arbeitsfläche
aufliegt. Sie liegt dadurch gut in der
Hand und erleichtert ein genaues
Zuschneiden.

Stecknadeln
Benötigt man zum Befestigen des
Schnittmusters auf dem Stoff und
beim Zusammenfügen der Teile.

Trennmesser
Zum leichten Auftrennen von Nähten,
zum Aufschlitzen von Knopflöchern.

Nähmaschinennadeln
Gibt es in verschiedenen Längen und
Stärken:
Nr. 70–100 für dünne Stoffe;
Nr. 90–100 für sehr feste,
dicke Stoffe.

Motiv abnehmen

Einen Bogen Papier, je nach Größe des Motives, mit senkrechten und waagerechten Bleistiftlinien aufteilen (Quadrate). Alle Motivlinien kästchenweise übertragen. Je dichter der Raster, um so einfacher ist das Abzeichnen, vor allem bei schwierigen Motiven. Zum Übertragen auf das Werkstück (Holz, Pappe, Stoff usw.) eignet sich am besten Schneiderkopierpapier (Kaufhaus oder Bastelladen): Die beschichtete Seite des Papiers auf das Werkstück, auf das Papier die Motivrasterzeichnung legen. Die Motivlinien mit festem Druck und einem harten Bleistift, bei Stoffen mit dem Kopierrad nachzeichnen. Die Linien schlagen als Kreidestriche durch und sind später leicht wieder auszubürsten.

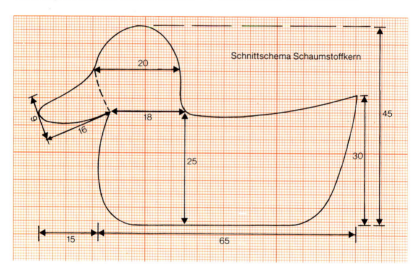

Kinderspiele

Helm/Schiffchen

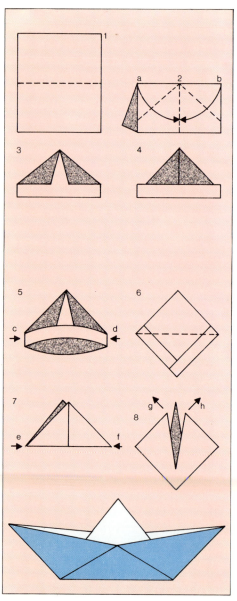

Material

1 Blatt Ton-, Zeitungs- oder
normales weißes Papier in
DIN A 4 oder größer, aber im
Rechteck.
Dieses Schiffchen kann man
nach der Fertigstellung mit
Filzstiften oder Wasserfarben
bunt bemalen, mit Namenszug
versehen und mit den Freunden ganze Regatten abhalten
oder Flotten bauen.

Arbeitsanleitung

1 Das Papier in der Mitte
quer zusammenfalten.
2 Die Ecken a und b zur Mitte
hin umbiegen.
3, 4 Den unten entstandenen
doppelten Rand vorn und hinten nach oben falzen, so daß
man in die entstehende Tüte
fassen kann. Wer die Arbeit
hier beendet, hat seinen
Papierhelm fertiggestellt.
5 Von den Ecken c und d aus
die Tüte zusammendrücken,
so daß ein Quadrat entsteht.
6 Von dem Quadrat – die
offene Spitze zeigt nach unten
– die unteren Hälften hinten
und vorne nach oben klappen,
so daß man in die Tüte fassen
kann.
7, 8 Die Ecken e und f zusammendrücken, so daß ein kleines
Quadrat entsteht. An den
Spitzen g und h ziehen.
Fertig ist das kleine Schiffchen.

Flieger

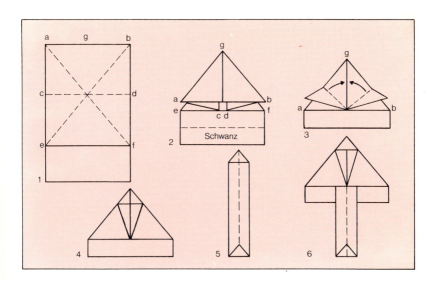

Material

1 Blatt weißes Papier in DIN A 4.

Arbeitsanleitung

1 Die Ecke a auf Punkt f knicken und wieder öffnen. Die Ecke b auf Punkt e und wieder öffnen. Nun die Punkte a und b auf e und f knicken. Das Blatt wieder öffnen.

2 Die Punkte c und d zur Mitte zusammendrücken und die Punkte a und b auf die Punkte c und d legen. Die Hälfte des überstehenden Papierstreifens für den Schwanz abschneiden.

3 Die Spitzen a und b zu Punkt g hochklappen.

4 Dieses Dreieck nochmals zur Mitte hin falten.

5 Den Papierstreifen für den Schwanz in der Mitte falten. An einem Ende zwei Dreiecke zum mittleren Bruch falten, das andere Ende mit der Schere einschneiden.

6 Den Schwanz in den Flieger stecken und den Bruch nochmals nachknicken. Die beiden Flügel ca. 1½ cm nach unten knicken.

Guten Flug!

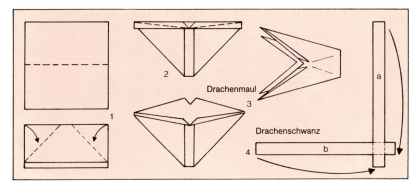

Material

Weißes Papier: 1 Quadrat von
9 × 9 cm, 2 Streifen von je 80 × 2 cm.

Arbeitsanleitung

Drachenmaul

1   Das Papierquadrat in der Mitte
einmal falten. Den Bruch nach oben
legen und links und rechts die Ecken
so falten, daß unten ein Streifen von
ca. 0,5 cm übrig bleibt.

2   Die Streifen vorne und hinten
nach oben klappen. In der Mitte der
Streifen jeweils einen kleinen Keil
herausschneiden und die Streifen zu
einem spitzen Dreieck abschrägen.

3   Die beiden Enden zusammendrücken, so daß das Maul des
Drachens entsteht. Den Rachen
ausmalen und die Zähne, Nüstern
und Augen aufmalen.

Drachenschwanz

4   Die beiden Papierstreifen im
rechten Winkel a auf b aufeinanderlegen und zusammenkleben. Die
kleinen Quadrate über die Kanten
falzen und festkleben.

Den Streifen b über den Streifen a falten, dann Streifen a über Streifen b
usw.. Die Enden mit Klebstoff fixie-
ren. Ein Ende des Schwanzes mit
Kleber an dem Drachenkopf befestigen.

Man kann die Streifen für den
Schwanz auch nach hinten spitz
zulaufend zuschneiden, so daß beim
Falten ein immer dünner werdender
Schwanz entsteht.

Wer mag, kann aus Papierstreifen
noch eine Quaste arbeiten: Mit der
Schere Streifen einschneiden,
zusammenrollen, die Enden zusammenkleben und die Quaste am Ende
des Schwanzes festkleben.

Möwe

Material

Ein quadratisches Stück Papier von
ca. 15 × 15 cm.

Arbeitsanleitung

1 Das Papier diagonal falten.
2 Das Dreieck insgesamt in ⅓ Höhe
vom Falz entfernt nach vorn falten.
3 Das Dreieck 1 cm vom Falz entfernt nach oben knicken.
4, 5 Die beiden Dreiecke auseinan-
derklappen. In der Mitte falten.
6 Die beiden nach unten hängen-
den Flügel leicht schräg nach oben
falten.
7 Den Schnabel nach innen knik-
ken. Die äußeren Spitzen der Flügel
nach unten knicken.

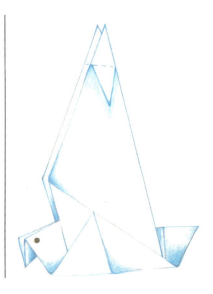

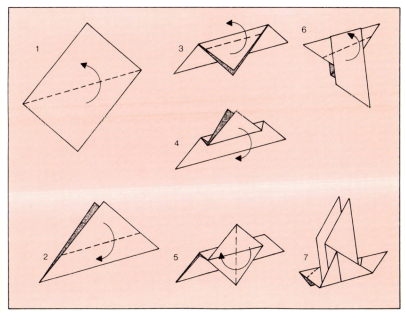

Himmel und Hölle

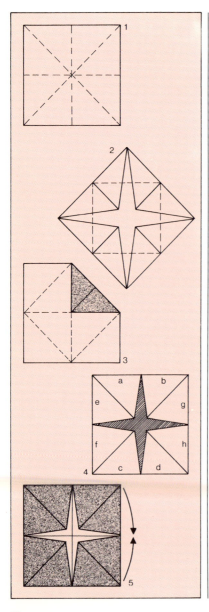

Material

Ein weißes quadratisches Stück Papier von ca. 20 × 20 cm.

Arbeitsanleitung

1   Das Quadrat in beiden Richtungen nacheinander zur Hälfte falzen und wieder öffnen, ebenso durch die Diagonalen. Die entstandenen Knicke müssen wie in der Zeichnung aussehen.

2   Alle vier Ecken zur Mitte hin einschlagen.

3   Das Quadrat umdrehen, die offene Seite liegt unten. Wieder die vier Ecken zur Mitte einschlagen.

4   Nun die Dreiecke a, b, c und d rot anmalen (Hölle), e, f, g und h blau (Himmel).

5   Das Quadrat wieder umdrehen. Mit den Fingern in die etwas aufstehenden Ecken fahren. Die Ecken nach oben zur Mitte hin zusammendrücken.

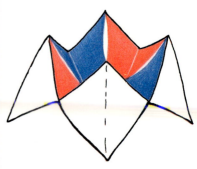

Nun kann der Spielgefährte raten, ob er in den Himmel oder in die Hölle kommt.

Hupfdohle

Ein Springspiel, welches es schon zu Großmutters Zeiten gab und das mit wenigen Mitteln zu spielen ist. Man benötigt lediglich ein Stück Kreide und Steinchen. Oder man findet eine ebene Fläche, wo man die Umrisse mit einem Stock einritzen kann. Das Spiel kann zu zweit oder zu mehreren Kindern gespielt werden.

Jedes Kind versucht, sein Steinchen in das aufgezeichnete Nest zu werfen. Wer das Nest trifft, darf anfangen. Die Reihenfolge ergibt sich aus den jeweiligen Entfernungen, die die restlichen Steine zum Nest haben. Treffen mehrere Spieler ins Nest, müssen sie noch einmal werfen. Eine andere Möglichkeit ist, mit einem Abzählreim die Reihenfolge zu bestimmen (siehe Seite 23).

Die ermittelte 1. Dohle wirft nun ihren Stein in das 1. Kästchen, springt mit beiden Beinen hinein, hebt das Steinchen auf, dreht sich um, wirft das Steinchen hinter die Startlinie zurück und springt selbst wieder über die Startlinie aus dem Spielfeld. Nun wirft sie den Stein in Kästchen 2, springt mit beiden Beinen in Kästchen 1, dann mit 1 Bein (rechtes) in Kästchen 2, hebt das Steinchen auf, dreht sich um, wirft das Steinchen hinter die Startlinie zurück und hüpft auf demselben Weg wieder aus dem Spielfeld. Dies wird nun mit allen Feldern wiederholt. In 5 und 6 darf mit beiden Beinen – linkes Bein in 5 und rechtes Bein in 6 – gesprungen werden (Grätsche). Hier ist das Drehen schon schwieriger. Dann geht es weiter über 7, 8, 9, 10 und 11 (11 = Ruheplatz, hier darf man auf beiden Bei-

nen stehen) bis zum Nest. In jedem Feld jeweils umdrehen, den Stein hinter die Startlinie werfen und auf demselben Weg zurückspringen.

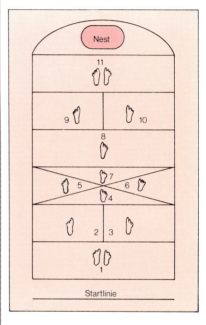

Hat der Spieler (Dohle) diesen Durchgang ohne Fehler geschafft, d. h., ist er auf keine Linie gesprungen, hat er mit dem zweiten Fuß nicht den Boden berührt (außer auf den Ruheplätzen 1 und 11), hat er das Steinchen immer genau ins richtige Feld geworfen (nicht seitlich aus dem Spiel und immer hinter die Startlinie), hat er die Startlinie nicht übertreten, so springt er zum Start zurück und fängt mit dem linken Bein von vorne an. Der nächste Spieler kommt an die Reihe, wenn der erste einen Fehler begeht.

Dosenspiele

Dosenwerfen

15 leere Limo- oder Cola-Dosen, mit unterschiedlichen Farben bemalt oder mit lustigen Klebebildern beklebt. 1 Tennisball.

Die fertigen Dosen aufstellen: zuerst 5 nebeneinander, darauf 4, dann 3, 2 und zum Schluß noch 1. Mit dem Tennisball versucht nun jeder Mitspieler, so viele Dosen wie möglich mit 3 Schuß umzuwerfen. Wer die meisten erwischt, ist Sieger.

Dosenkegeln

10 Dosen, wie links beschrieben, bemalen oder bekleben. 2 Dosen als König aufeinanderkleben. 1 Tennisball.

Die Dosen wie beim Kegeln aufstellen, den König in die Mitte. Man kann nun versuchen, nur den König herauszuschießen oder alle Dosen mit 1 Wurf umzuwerfen, dafür bekommt man 6 Punkte. Oder man versucht, nur die mittleren 3 Dosen mit dem König umzuwerfen, dafür bekommt man 4 Punkte. Wer nur den linken oder nur den rechten Kegel trifft, bekommt 3 Punkte. Man kann auch versuchen, mit z. B. 3 Würfen möglichst viele aller Kegel umzuwerfen, dann zählt jeder Kegel 1 Punkt; wer zum Schluß die meisten Punkte hat, ist »Kegelkönig«.

Abzählreime

Wer hat als Kind nicht schon mit seinen Spielgefährten Abzählreime gespielt, von denen es in der Überlieferung eine Unmenge gibt. Und so geht's:

Eine beliebige Anzahl von Kindern stellt sich im Kreis auf, ein Kind darf mit dem Abzählreim beginnen. Bei jedem Wort wird im Uhrzeigersinn auf ein Kind gezeigt. Das Kind, bei welchem der Abzählreim zu Ende ist, muß ausscheiden. Man fährt so fort, bis nur noch ein Kind übrig bleibt, welches Sieger ist und dann abzählen oder bestimmen darf, was als nächstes Spiel gespielt werden soll. Auf diese Weise werden auch Mannschaften ausgezählt oder derjenige, der beim Versteckspiel suchen muß, der beim Fangenspiel fangen muß, der beim Ratespiel herausgehen muß, der beim Ballspiel hinter der Linie steht u. ä.

Auf einem Billi-Bolli-Berg,
da wohnt ein Billi-Bolli-Zwerg,
mit seiner Frau Marei
und du bist frei.

Eins, zwei , drei,
und du bist frei,
frei bist du noch lange nicht,
sag mir erst, wie alt du bist.

Das Kind muß nun sein Alter nennen, und dieses wird dann ausgezählt – eins, zwei, drei . . . usw.

Eins, zwei, drei, vier, fünf,
der Storch hat rote Strümpf,
der Frosch, der hat kein Haus,
und du bist 'raus.

Eins, zwei, drei, vier, fünf, sechs,
sieben,
eine alte Frau kocht Rüben,
eine alte Frau kocht Speck,
und du bist weg.

Ene mene miste,
es rappelt in der Kiste,
ene mene meck,
und du bist weg.

Ene mene ming mang,
Knieptang, ting tang,
use buse acke deier,
Eier weier weg.

Morgens früh um sechs
kommt die alte Hex.
Morgens früh um sieben
schabt sie gelbe Rüben.
Morgens früh um acht
wird Kaffee gemacht.
Morgens früh um neun
geht sie in die Scheun.
Morgens früh um zehn
holt sie Holz und Spän.
Feuert an um elf,
kocht dann bis um zwölf:
Fröschebein und Maus und
Fisch –
hurtig, Kinder, kommt zu Tisch.

Ich kenne eine Frau,
hat Augen wie Kakao,
hat Arme wie 'ne Leberwurst,
ich kenn sie ganz genau.
Sie heißt Zipzibelipzibelonika.
Wer mir das nachsagen kann,
ist raus.

Der schnellste Abzählreim:
Eck, Dreck, weg.

Ballspiele

Das Spielen mit dem Ball geht schon auf sehr alte Ursprünge zurück. Es gibt unzählige Arten von Ballspielen mit ebenso vielen Varianten. Es gibt Spiele für Kleinkinder und selbst für Erwachsene. Hier nur ein paar Beispiele.

Abtreffball

Kann bereits mit drei, aber auch mit mehreren Spielern gespielt werden. Je einer steht hinter der vorderen und hinteren Linie eines beliebig großen Spielfeldes, die anderen gehen in die Mitte. Die beiden äußeren Spieler müssen nun versuchen, die Spieler in der Mitte mit dem Ball abzutreffen. Gelingt dies, darf der Außenspieler in die Mitte gehen. Der Ball darf nicht gefangen werden.
Abwandlung: Die abgetroffenen Spieler scheiden aus. Wer als letzter Spieler in der Mitte verbleibt, hat gewonnen.

Völkerball

Ein Spielfeld wird aufgezeichnet oder mit Gegenständen (Latten, Seilen o. ä.) markiert, 8–12 m breit und 12–20 m lang, in zwei gleichgroße Felder geteilt. Gespielt wird mit einem Hand-, Fuß- oder Softball. Zwei beliebig große Mannschaften verteilen sich auf die beiden Spielfelder. Jede Mannschaft stellt einen Außenspieler, der hinter der Linie der gegnerischen Mannschaft steht. Er macht die Ballangabe zu Beginn und jedes Mal dann, wenn ein Feldspieler abgeworfen wurde. Ziel des Spieles ist es, die Feldspieler abzuwerfen. Der Ball darf jedoch gefangen werden. Der Spieler, der den Ball gefangen hat, versucht dann, einen gegnerischen Feldspieler abzuwerfen. Wer nicht fängt, aber vom Ball getroffen wurde, muß ausscheiden. Die Mannschaft, die als erstes keine Spieler mehr im Feld hat, hat verloren.

Außenspieler B   **Völkerball**   Außenspieler A

Mannschaft A   Mannschaft B

Ballspiele

Figurenball

Die Spieler stellen sich im gewissen Abstand im Kreis auf und werfen sich gegenseitig den Ball zu, der gefangen werden muß. Die Kinder, die den Ball nicht fangen, müssen in der jeweiligen Stellung verharren, in der sie den Ball verfehlt haben. Zum Schluß des Spiels ergeben sich die komischsten Figuren im Kreis.

Siebentageball

Sieben Spieler stellen sich im Kreis auf, und jeder Spieler erhält einen Tagesnamen, z. B. Montag, Sonntag usw. Dann sagt z. B. der Dienstag: »Der Ball fliegt zum Freitag«.

Fängt Freitag den Ball nicht, so muß er ein Pfand abgeben. Als Variante kann man den Ball auch im Kreis aufhupfen lassen oder gegen eine Wand werfen, bevor er gefangen wird.

Fang den Ball

Die Mitspieler bilden sitzend oder stehend einen Kreis. Nur einer steht in der Mitte. Er muß versuchen, den Ball, der hin und her geworfen wird, zu fangen. Gelingt es ihm, so kann er sich auf den Platz des Spielers setzen oder stellen, der den Ball zuletzt geworfen hat. Dieser muß sich nun in die Mitte des Kreises stellen und versuchen, den Ball zu fangen, usw.

Geburtstagsspiele

Der blinde Dirigent

Der Dirigent steht mit verbundenen Augen und seinem Taktstock in der Hand im Kreis der Mitspieler. Sie ziehen singend um den Dirigenten herum. Der Dirigent muß einen Sänger fassen, und dieser muß mit verstellter Stimme ein Lied singen. Rät der Dirigent, wer gesungen hat, muß der Sänger mit ihm den Platz tauschen; errät er ihn nicht, muß er weiterdirigieren usw.

Eine Reise nach Jerusalem

Es wird ein Kreis aus Stühlen aufgestellt, die Sitzflächen nach außen und ein Stuhl weniger, als Kinder mitspielen. Alle Kinder laufen um den Stuhlkreis herum. Auf ein verabredetes Zeichen, z. B. Aussetzen der Musik, Klatschen, Gong o. ä., setzen sich alle schnell auf einen Stuhl. Der Mitspieler, der keinen freien Stuhl mehr gefunden hat, scheidet aus. Ein Stuhl wird entfernt. Nun geht das Spiel von vorn wieder los und so lange weiter, bis nur noch ein Stuhl und zwei Mitspieler übrig sind. Der Mitspieler, der beim letzten Durchgang auf dem Stuhl sitzt, hat gewonnen.

Kofferpacken (Pfänderspiel)

Beliebig viele Mitspieler. Es werden in Gedanken Gegenstände in einen Koffer gepackt. Ein Mitspieler beginnt: »Ich packe einen Schlafanzug in meinen Koffer.« Der zweite Mitspieler setzt fort: »Ich packe einen Schlafanzug und eine Zahnbürste in meinen Koffer.« Der Dritte fügt einen weiteren Gegenstand hinzu usw. Derjenige Mitspieler, der einen schon genannten Gegenstand vergißt, muß ein Pfand bezahlen.

Mein Teekesselchen

Beliebig viele Mitspieler. Zwei Mitspieler gehen aus dem Zimmer und verabreden einen Begriff mit doppelter Bedeutung, wie z. B. Blatt, Decke, Fliege. Blatt ist einerseits ein Laubblatt und andererseits ein Blatt Papier; Decke ist die Zimmerdecke und andererseits die Bettdecke; Fliege ist das Tier und das Kleidungsstück. Die beiden Mitspieler kommen ins Zimmer und beginnen. Alle übrigen Mitspieler müssen raten. *Beispiel Fliege* 1. Mitspieler: Mein Teekesselchen kann sich bewegen. 2. Mitspieler: Mein Teekesselchen wird getragen. 1. Mitspieler: Mein Teekesselchen kann atmen. 2. Mitspieler: Mein Teekesselchen ist stumm. So geht es weiter, bis der Begriff erraten ist.

Ringlein, Ringlein, du mußt wandern

Ein Ring wird auf eine lange Schnur aufgefädelt und diese an den Enden verknotet. Alle Spieler bilden einen Kreis und fassen die Schnur mit den Händen. Der Ring wandert jetzt versteckt von Hand zu Hand, alle Mitspieler singen dabei das Lied:

Ringlein, Ringlein, du mußt
wandern,
von der einen Hand zur andern,
oh, wie schön, oh, wie schön,
läßt sich dieses Ringlein dreh'n.

Geburtstagsspiele

In der Mitte steht das ratende Kind und sucht den Ring. Dreimal darf es raten und auf die Hand schlagen, in der es den Ring vermutet. Der Mitspieler, bei dem der Ring gefunden wird, muß als nächster raten.

Machet auf das Tor

Kann ab drei Spielern gespielt werden. Zwei Spieler stellen sich hin, heben die Arme zueinander hoch und bilden so ein Tor. Die anderen Spieler gehen durch das Tor, während alle Kinder singen:

Machet auf das Tor,
machet auf das Tor,
es kommt ein goldner Wagen,
was will er, will er denn,
was will er, will er denn,
er will die Schönste haben.

Nun nehmen die Kinder die Arme nach unten, so daß ein Spieler gefangen ist. Gelingt dies, scheidet der Spieler aus und die restlichen Spieler laufen weiter im Kreis durch das Tor, bis alle Spieler gefangen sind. Das Lied wird immer wieder von vorne gesungen.

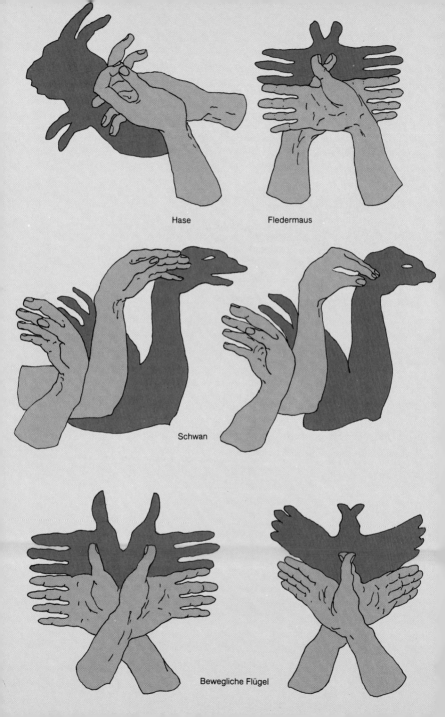

Hase

Fledermaus

Schwan

Bewegliche Flügel

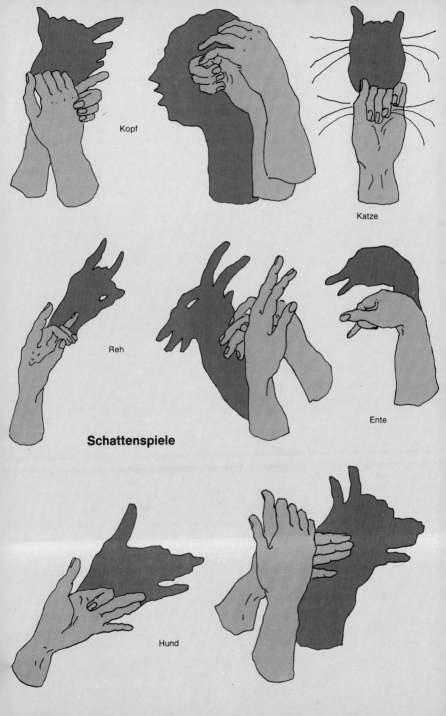

Kopf

Katze

Reh

Ente

Schattenspiele

Hund

Finger-Lernspiele

Mit noch nicht schulpflichtigen Kindern ab 2 Jahren zu spielen. Das Spielzeug ist die Hand des Kindes.

Das ist die Mutter lieb und gut

Die Hand des Kindes wird zur Faust geballt und beim Reim muß das Kind jeweils den betreffenden Finger hochhalten, zum Schluß wird die ganze Hand tüchtig bewegt.

Das ist die Mutter lieb und gut,
(Daumen)
das ist der Vater mit frohem Mut,
(Zeigefinger)
das ist der Bruder schlank und
(Mittelfinger)   groß,
das ist die Schwester mit der
Puppe auf dem Schoß,
(Ringfinger)
das ist das kleine Kindelein,
(kleiner Finger)
das soll die ganze Familie sein.

Das ist der Daumen

Es werden immer zum Reim die einzelnen Finger hochgehalten.

Das ist der Daumen,
der schüttelt die Pflaumen,
(Zeigefinger)
der liest sie auf (Mittelfinger),
der trägt sie nach Haus,
(Ringfinger)
und der kleine Schlingel Schlangel
ißt sie alle, alle auf (kleiner Finger).

In unserem Häuschen

Die Mäuschen sind die Finger der Kinder, die auf dem Schoß oder dem Tisch flink hin und her trippeln, solange der Reim aufgesagt wird. Beim letzten Satz »Husch sind sie weg« verstecken die Kinder rasch ihre Hände unter dem Tisch oder auf dem Rücken.

In unserem Häuschen
sind viele Mäuschen.
Sie trippeln und trappeln,
sie zippeln und zappeln,
sie stehlen und naschen,
und will man sie haschen –
husch sind sie weg.

Kinderspielzeug

Lädchen

Material

Laden
1 Setzkasten, 31 × 23 cm – 2 Seitenwände, 24 × 23 cm, an den Vorderkanten abgerundet – 1 Bodenplatte, 31 × 31 cm – Hammer, Nägelchen, Holzleim, Farbe, Tapetenreste, Pinsel, evtl. ein Teppichbodenrest.

Tisch
Kistchen, Schachtel oder Holzklotz.

Inhalt bzw. Ware des Lädchens
Stoffladen: Stoffrestchen
Wolladen: Wollreste
Geschirrladen: Puppengeschirr
Kramerladen: Gewürztütchen, Nudeln, Zucker, Bonbons
Boutique: Puppenkleider, Hüte, Schuhe
Bäckerladen: Brot, Gebäck

Arbeitsanleitung

Laden
Die Rückwand des Lädchens besteht aus einem Setzkasten. Dieser wird auf der Bodenplatte am hinteren Rand festgeklebt. Zur besseren Haltbarkeit schlägt man noch ein paar Nägelchen nach. Trocknen lassen. Jetzt bestreicht man die Seitenwände des Setzkastens mit Leim und fügt die Seitenwände passend an. Auch hier wird mit kleinen Nägeln die Festigkeit verbessert. Von den Seiten her werden die Seitenwände und die Bodenplatte mit Nägeln verbunden, indem man die Berührungsflächen mit Leim bestreicht und dann kleine Nägel einschlägt. Zur Stabilisierung kann man in die unteren seitlichen Bodenkanten jeweils eine Vier-

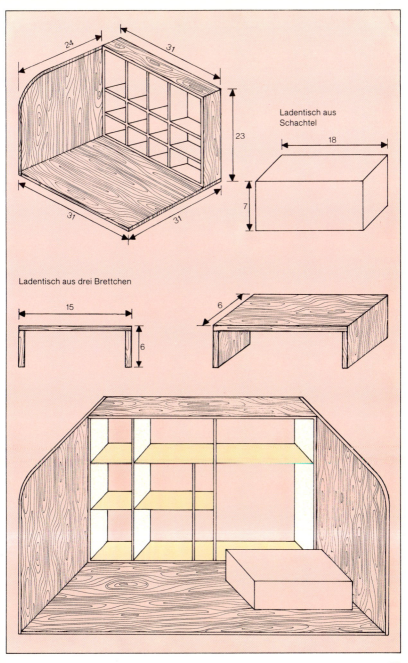

Ladentisch aus Schachtel

Ladentisch aus drei Brettchen

33

kantleiste kleben. Auch diese Leisten sollten mit Nägelchen nochmals befestigt werden. Das Gehäuse ist nun fertig, sollte aber noch einige Zeit trocknen.

Um dem Lädchen ein entsprechendes Gesicht zu geben, kann man alle Wände farbig lackieren (am leichtesten mit Sprühlack aus der Dose) oder das Holz des Setzkastens unbemalt lassen und die Seitenwände tapezieren.

Beispiele:

Kramerladen Alle Wände grün/blau/weiß gespritzt, die Kanten kontrastfarbig abgesetzt.

Boutique »Regal« (= Setzkasten) schwarz, Seitenwände einfarbig im Kontrast, vielleicht eine Seite Spiegelglas.

Bäckerladen Holz naturbelassen, farblos lackiert, eventuell grün abgesetzt.

Der Fußboden wird je nach Bestimmung des Lädchens mitlackiert oder mit einem passend zugeschnittenen Teppichrestchen (Filz oder Stoff tun's auch) beklebt.

Tisch

Aus einem Holzklotz oder einer kleinen Schachtel wird der Ladentisch gebastelt. Natürlich kann man mit einfachen Mitteln auch ein einfaches Tischchen zusammenbasteln. Der Klotz oder die Schachtel wird farblich passend zum Laden bemalt.

Ausstattung

Stofflädchen Stoffrestchen zu kleinen Ballen wickeln und in dem Setzkasten dekorieren.

Wolladen Kleine Stränge aus verschiedenfarbiger Wolle wickeln und mit Papierstreifen zusammenhalten. Kleine gestrickte oder gehäkelte Puppensachen dekorieren.

Geschirrladen Kleines Puppengeschirr kaufen oder aus Knetmasse selber formen.

Kramer- und Gewürzladen Kleine Gläser und Döschen mit Zucker, Mehl, Gewürzen, Grieß, kleinen Nudeln, bunten Bonbons, Kräutern u. ä. füllen.

Boutique Puppenkleider, Hüte, Schuhe, gekauft oder selbst gemacht.

Bäckerladen Aus Salzteig oder aus Knetmasse kleines Gebäck formen. Kleine gekaufte Körbchen zusätzlich zur Dekoration.

Salzteig

200 g Mehl, 150 g Salz und etwas Wasser miteinander vermischen und gut durchkneten. Einige Stunden ruhen lassen, erst danach formen und backen.

Verkäuferinnen

Material Puppe

Kunststoffbeschichteter Draht,
90 cm lang –
Watte und Trikotrestchen
für Gesicht und Hände –
Mullbinden –
Wollreste für die Haare –
Stickgarn, Nähzeug,
Klebstoff.

Arbeitsanleitung

Den Draht in zwei Stücke schneiden
von 60 und 30 cm Länge. Das längere
Drahtstück in der Mitte zur Schlaufe
biegen und die Enden bis zum Beinansatz fest miteinander verschlingen.
Dort trennt man sie wieder, biegt sie
am Fußende zur Schlaufe um und

verschlingt die Enden bis hinauf zum
Beinansatz. Unterhalb des Halses
wird das zweite Stück Draht durch
Umwickeln des »Körpers« befestigt.
Daraus werden die Arme in der gleichen Weise wie Körper und Beine
geformt.
Die Kopfschlinge wird mit einem Wat-
tebausch fest ausgestopft. Darüber
wird das Trikotrestchen gezogen und
durch Umwickeln mit einem festen
Zwirnfaden festgehalten.
Der ganze Drahtkörper wird jetzt mit
Mullbinde straff umwickelt, wie zu
einem Verband. Die Arme und Beine
werden mit einem Trikotrestchen
bezogen. Nun die Füße zur Standflä-
che umbiegen. Etwaige Ungleichhei-
ten der Gliedmaßen lassen sich leicht

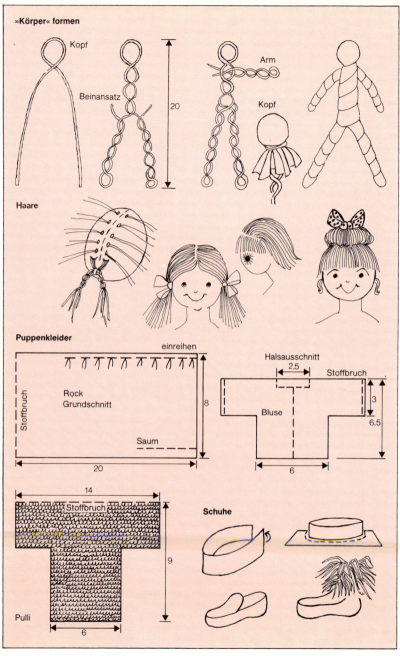

»Körper« formen

Kopf

Beinansatz

20

Arm

Kopf

Haare

Puppenkleider

einreihen

Stoffbruch

Rock
Grundschnitt

Saum

20

8

Halsausschnitt

2,5

Stoffbruch

Bluse

3

6,5

6

14

Stoffbruch

9

Pulli

6

Schuhe

Verkäuferinnen

durch Biegen oder leichtes Zusammenstauchen ausgleichen.
Zuletzt mit Stickgarn Mund, Augen und Nase sticken. Das Gesicht kann aber auch einfach mit Filzstiften bemalt werden.

Haare

Als Grundlage für alle Frisuren den Kopf der Puppe in nicht zu dicker Wolle mit Spannstichen überziehen. Die Stiche so richten, daß sie der Richtung der Haare bei der geplanten Frisur entsprechen.

Zopffrisur (Schwänze) Längs der Kopfmitte von vorn nach hinten gleichlange Wollfäden einziehen. Die Länge richtet sich nach der gewünschten Zopflänge. Die Fäden paarweise miteinander verknoten. Falls mehr Haarfülle gewünscht wird, rechts und links vom entstandenen Scheitel nochmals eine oder mehrere parallele Reihen mit Wollfäden einknüpfen. An den Kopfseiten die Fäden fassen und abbinden (oder flechten). Durch Auflösen der Fadenenden werden die Schwänze besonders buschig.

Frisur mit Dutt Als Grundlage die Spannstiche vom Gesicht zur Oberkopfmitte ziehen. Dort, wie bei einem Pferdeschwanz, mehrere gleichlange Wollfäden einknüpfen, anschließend verschlingen und die Enden versteckt annähen.

Kurzhaarfrisur Über den mit Spannstichen bedeckten Kopf in Querscheiteln die Wollfäden einziehen. Die Enden der Fäden stufenweise kürzen oder locker annähen. Den Pony nach vorne kämmen.

Material Puppenkleider

Rock und Bluse

8 × 20 cm roter Stoff für den Rock – 3 × 12 cm roter Stoff für das Taillenband – 8 × 20 cm weißer Stoff für den Unterrock – 13,5 × 13,5 cm karierter Stoff für die Bluse – 5 × 20 cm Trikot für die Strümpfe – 1 × 20 cm Lederstreifen für die Schuhe.

Pepitakostüm

8 × 16 cm Pepitastoff für den Rock – 8 × 16 cm weißer Stoff für den Unterrock – 13,5 × 13,5 cm beiger Stoff für die Bluse – 10 × 6 cm Pelzstreifen für den Kragen – 30 cm schwarze Borte für Rock und Jacke – schwarzer Wollrest für die Strümpfe – 1 × 20 cm Lederstreifen für die Schuhe – 1 × 6 cm Pelzstreifen für den Schuhbesatz.

Pulli und Hose

18 × 14 cm Trikot für den Pulli – roter Wollrest für die Hose – 1 × 20 cm Lederstreifen für die Schuhe – 1 × 6 cm Pelzstreifen für den Schuhbesatz.

Arbeitsanleitung

Da die Puppen nicht zum An- oder Ausziehen gedacht sind, lassen sich die Kleider sehr einfach nach einem Grundschnitt anfertigen, dessen Form beim Nähen dem Körper der jeweiligen Puppe angepaßt wird, d. h., die Kleider werden beim Ankleiden zusammengenäht.

Rock und Bluse

Nach Rockgrundschnitt ein Stück Stoff an einer Längsseite säumen, an

Verkäuferinnen

der anderen Längsseite mit kleinen Stichen reihen; den Reihfaden nicht abschneiden. Der Puppe den so vorbereiteten Stoff anlegen, den Reihfaden festziehen und verknüpfen. Den Rock nach oben schlagen und die Naht hinten schließen. Der Unterrock entsteht auf die gleiche Weise; nach Belieben wird unten noch ein Stückchen Spitze angenäht.

Die Bluse aus kariertem Stoff doppelt zuschneiden (Stoffbruch beachten), oben einen kleinen Halsausschnitt anschneiden; der Puppe überziehen. Den Halsausschnitt umbiegen und verdeckt einnähen. Die Seitennähte und die Ärmel schließen. Ärmel vorne einnähen (evtl. etwas einreihen, falls zu weit). Ein evtl. zu groß geratener Halsausschnitt läßt sich durch ein kleines Halstuch kaschieren.

Um die Taille wird ein schmales Band aus dem Rockstoff gebunden und hinten geknotet.

Aus einem Stückchen Trikot können die Strümpfe genäht oder geklebt werden. Das Stück Trikot wird der Länge nach auf das Bein gelegt, auf der Rückseite übereinandergelegt und vernäht oder zusammengeklebt.

Pepitakostüm

Rock, Unterrock und Bluse werden nach dem gleichen Schnitt genäht wie vorher. Die Jacke entspricht der Bluse; sie wird aber vorne geöffnet, etwas übereinandergelegt, der Umschlag gesäumt und verdeckt zugenäht. Als Abschluß erhält die Jacke einen Pelzkragen. An die Kanten von Rock und Jacke schwarze Borte nähen.

Die schwarzen Strümpfe dieser Puppe sind gestrickt. Dazu etwa 10 Maschen anschlagen und ein gerades Stück stricken, das der Beinlänge entspricht. Dann dem Bein anpassen und hinten zunähen.

Pulli und Hose

Den Pulli nach dem Schnitt aus altem Trikotrestchen zuschneiden, am Körper der Puppe anpassen und nähen. Für die Hosenbeine je 12–14 Maschen anschlagen, nach ca. 1,5 cm Höhe je 1 Masche an den Seiten zunehmen. Beide Beinteile nach ca. 8–10 cm Höhe auf eine Nadel nehmen und rund zusammenstricken. Bei jeder folgenden Reihe in der vorderen und hinteren Mitte 1–2 Maschen abnehmen. So weit stricken, bis die nötige Schritthöhe erreicht ist (ca. 4–5 cm), abketten und vernähen. Das gestrickte Stück der Puppe überziehen und dann erst die Hosenbeine schließen.

Schuhe

Die Schuhe sind ebenfalls Maßarbeit. Den Lederstreifen um den Fuß herumlegen, rundum ankleben, wobei die Naht hinten an der Ferse sein sollte. Den restlichen Streifen auf die Fußsohle kleben, dabei auch mit dem bereits angeklebten Oberleder verbinden. Überstehende Ränder abschneiden. Als Deckblatt ein kleines Oval ausschneiden und oben auf den Schuh kleben.

Für den Pelzstiefel ein kleines Stückchen Pelz oder pelzähnlichen Stoff um das Bein der Puppe legen und dicht am Schuh ankleben.

Puppenküche

Diese Puppenküche hat Andi, 13 Jahre alt, für seine kleine Schwester Vroni und deren Puppe »Zöpfchen« ohne fremde Hilfe gebaut. Er hat sie allein entworfen und auch die Bauanleitung selbst vorgegeben.

Material

2 Bretter, à 35 × 10 × 1 cm (Seitenteile) – 2 Bretter, à 30 × 15 × 1 cm (Unterschrank-Vorderseite und Rückseite) – 1 Brett, 30 × 11 × 1 cm (Arbeitsplatte) –
1 Brett, 32 × 11 × 1 cm (Boden) –
1 Brett 32 × 5 × 1 cm (oberes Deckbrett, Oberschrank) –
1 Brett 30 × 5 × 1 cm (unteres Deckbrett, Oberschrank) –

1 Brett, 32 × 9 × 1 cm (Rückseite Oberschrank) – 1 Brett, 20 × 4 × 1 cm (Regalbrett oben) – 1 Brett, 9 × 4 × 1 cm (obere senkrechte Abtrennung) – 4 Bretter, à 10,5 × 8 × 1 cm (Backofengehäuse) – 1 Stück Sperrholz, 8 × 8,5 cm (Backofentür) – 1 Stück Sperrholz, 7 × 7,5 cm (Backofentür Innenverkleidung) – 1 Stück Sperrholz, 10 × 10 cm (Türblatt oben) – 1 Stück Sperrholz, 9 × 9 cm (Türblatt oben Innenverkleidung) – 2 Stücke Sperrholz, à 12,5 × 7 cm (Türblatt unten) – 2 Stücke Sperrholz, à 11,5 × 6 cm (Türblatt unten Innenverkleidung) – 2 kleine, runde Sperrholzscheiben,

Puppenküche

∅ 4 cm (Herdplatten) – ca. 45 cm Leinen- oder Lederband, 3 cm breit (»Scharniere« der Türen) – 1 Stück Glas, 4,5 × 4,5 cm (Backrohr) – 1 Becher oder Schälchen, ∅ 8 cm (Waschbecken) – Nägel, Leim, Säge, Reißnägel.

Arbeitsanleitung

Zunächst alle Teile in den Maßen der Materialangabe zuschneiden.
Bei den beiden Brettern für die Seitenteile in 17 cm Höhe eine Wange aussägen, die sich auf 5 cm verjüngt.
Aus dem Brett für die Unterschrank-Vorderseite die Öffnung für das Backrohr (7,5 × 7,5 cm) aussägen. Unterschrank-Vorderseite, Boden und Seitenteile an den Berührungskanten mit Leim bestreichen und zusammennageln. Die Rückseite für den Unterschrank wird zuletzt aufgenagelt.
Das Deckbrett des Oberschrankes auf den Seitenteilen befestigen. Die Rückwand des Oberschrankes auf der Rückseite bündig mit dem Deckbrett annageln. An der unteren Kante der Rückwand das untere Brett des Oberschrankes einpassen und von der Seite her annageln. Das Regalbrett mit dem kleinen Brett für die Abtrennung (9 × 4 × 1 cm) T-förmig verbinden und zwischen das obere und das untere Brett einfügen, von den Außenseiten her befestigen.
Die Sperrholzstücke für das obere Türblatt so aufeinanderlegen, daß sie an der inneren Kante, der Scharnierseite, bündig abschließen. Zwischen die beiden Brettchen den Leinen-streifen als »Scharnier« so weit einschieben, daß er noch ca. 1 cm herausragt. Mit Kleber bestreichen und mit Reißnägeln (zur Unterstützung) fest andrücken. Trocknen lassen. Nach Belieben die Tür bemalen.
Aus den 4 gleichen Brettchen (10,5 × 10,5 × 1 cm) das Backrohrgehäuse zusammennageln und gleich bemalen. Von oben an die Backrohröffnung anpassen und von der Vorderseite her mit möglichst kleinen Nägeln annageln. Das Loch für das Sichtglas aus dem Stück Sperrholz, das für die Backofentür vorgesehen ist, aussägen; ebenso aus dem inneren Teil der Tür. Das »Leinenstreifen-Scharnier« ebenso wie bei der Tür des Oberschrankes zwischen die beiden Teile kleben. Von hinten die Glasscheibe einfügen, mit vier kleinen Nägeln in den Ecken befestigen. Die beiden Türen vom Unterschrank ebenso fertigstellen wie die anderen Türen. Nach dem Trocknen die Türen einpassen und den Leinenstreifen festkleben.
Aus dem Brett, das für die Arbeitsflächen vorgesehen ist, einen Kreis von 8 cm für das Waschbecken ausschneiden. Die Flächen anmalen. Die kleinen, runden Sperrholzscheiben bemalen und über dem Backrohr als »Elektroplatten« aufkleben. Die Arbeitsflächen auf den Unterschrank aufleimen, evtl. mit Nägeln verstärken. An den Türen kleine Nägel oder Holzperlen als Griffe anbringen, ebenso die »Schaltknöpfe« am Herd aus Reißnägeln o. ä. Jetzt die Unterschrank-Rückseite von hinten aufleimen. Trocknen lassen.

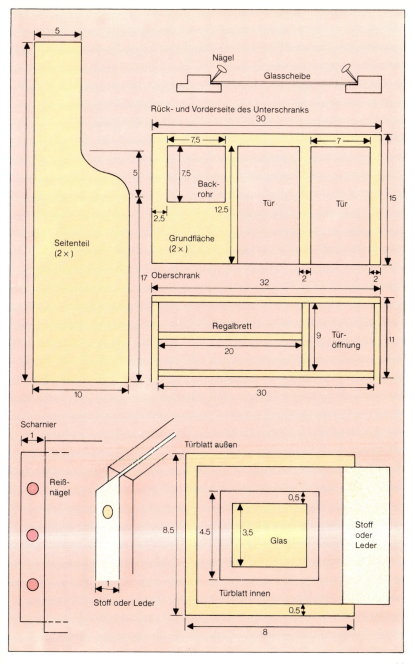

Nägel

Glasscheibe

Rück- und Vorderseite des Unterschranks

30

7,5

7,5

Back-rohr

Tür

Tür

15

2,5

12,5

Grundfläche (2×)

2

2

7

Seitenteil (2×)

5

5

17

10

Oberschrank

32

Regalbrett

20

9

Tür-öffnung

11

30

Scharnier

1

Reiß-nägel

Türblatt außen

0,5

8,5

4,5

3,5

Glas

Stoff oder Leder

1

Stoff oder Leder

Türblatt innen

0,5

8

Puppenwagen

Material

Wagen
1 kleiner Wächekorb – 2 stärkere Leisten als Achse für die Räder, länger als der Korb breit ist – 1 Leiste als Längsachse, ca. ½ cm länger als der Korb – 4 Holzräder (evtl. aus dem Bastelladen oder Brotzeitteller aus Holz) – 1 Leiste, doppelt so hoch wie der Korb – 1 Leiste, ½ so lang wie der Korb – 1 Leister für das Fußende, etwas höher als der Korb – Bohrer, Schrauben, Schmirgelpapier, Leim.

Ausstattung
Waschbarer Baumwollstoff, Maße nach Korbgröße – Nähzeug, Maßband, Schere, Papier, Bleistift, Gummiband, Füllmaterial.

Arbeitsanleitung

Wagen
Die beiden Leisten, die die Achse für die Räder bilden, mit jeweils 2 Schrauben mit der Längsachse verbinden. Vor dem Anschrauben die Berührungsflächen mit Leim bepinseln. Nach dem Trocknen können die Räder an den Achsen angeschraubt werden: Man bohrt die Löcher für die Räder vor und befestigt sie mit Schrauben, die im oberen Bereich keine Windungen haben, an den Achsen. Die längere der beiden Leisten, die das Dach bilden, muß in Höhe des Körbchenrandes durchgebohrt werden. An dieser Stelle werden Körbchen und Gestell miteinander durch eine Schraube verbunden.

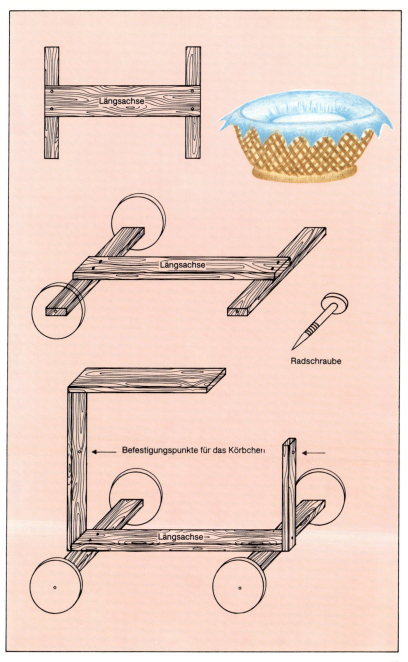

Längsachse

Längsachse

Radschraube

← Befestigungspunkte für das Körbchen ←

Längsachse

Puppenwagen

Dann wird die kürzere Leiste recht-winklig angesetzt, ebenfalls mit Leim bestrichen und mit Schrauben ver-bunden. Nach dem Trocknen wird diese zusammengefügte Leiste an der Längsachse befestigt. Ebenso die Leiste, die als Halterung für das Körbchen am Fußende dient.

Ausstattung

Zuerst eine Schablone von der Bodenfläche des Körbchens anferti-gen. Dazu den Korb auf Papier stel-len und rundherum abzeichnen. Nach dieser Schablone wird der Baumwollstoff zugeschnitten. An die zugeschnittene Bodenfläche wird jetzt ein rechteckiger, eingekrauster Streifen des gleichen Stoffes ange-setzt. Die Länge des eingekrausten Stoffstreifens läßt sich mit Hilfe eines Fadens ermitteln, den man um den oberen Korbrand herumlegt (Nahtzu-gabe nicht vergessen). Die Höhe ergibt sich aus der Höhe des Körb-chens plus einem breiten Saum von 10–15 cm (Nahtzugabe). Den oberen Rand nicht zu schmal säumen (ca. 10 cm breit), parallel dazu eine zweite Naht nähen als Tunnel, durch den später das Gummiband gezogen wird. Dann die Seitennaht schließen. Der Bezug wird in den Korb eingelegt und oben nach außen über den Rand des Korbes geschlagen. In den Saum wird ein Gummiband eingezogen, so daß der Bezug straff im Körbchen sitzt.

Auch der »Himmel« besteht aus einem rechteckigen Stoffstreifen. Mit einem Faden, den man, wie den spä-teren Vorhang, über die waagerecht laufende Leiste legt, läßt sich die Länge des rechteckigen Streifens bestimmen. Die Breite sollte minde-stens den halben Umfang des Körb-chens betragen – besser etwas mehr –, wenn der Vorhang locker darüber-fallen soll. Der Streifen wird rundum gesäumt oder eingefaßt. In der Hälfte wird er auf die Länge der waagerech-ten Leiste eingekraust, eine offene Seite geschlossen und auf der Leiste befestigt.

Puppenbett

Puppenbett

Material

Bett

2 Bretter, 60 × 8 × 1,5 cm –
4 Vierkanthölzer, 3 × 3 × 18 cm –
1 Brett, 30 × 13,5 × 1,5 cm –
1 Brett, 30 × 11 × 1,5 cm –
1 Stück Sperrholz,
29 × 59 × 0,5 cm –
2 Leisten, je 29 × 59 × 1 cm –
16 Holzdübel, 6 mm ∅,
ca. 3 cm lang –
Bohrer, Leim, Nägel, Hammer,
Farbe, Pinsel.

Bettzeug

Matratze Schaumstoff,
56 × 28 × 1,5 cm – Bezug: Baumwoll-
stoff, 120 × 30 cm – 2 Druckknöpfe,
Faden, Nadeln, Schere.
Laken Baumwollstoff, 70 × 40 cm.
Deckbett 1 fertig gekauftes oder
mit Dacron oder Schaumstofflocken
selbst gefülltes Kissen, 35 × 50 cm –
Bezug: Baumwollstoff, 100 × 70 cm,
weiße Baumwollspitze, 70 cm –
2 Druckknöpfe, Faden, Nadeln,
Schere.
Kissen Füllung wie oben für das
Deckbett, 20 × 18 cm – Bezug:
Baumwollstoff, 40 × 20 cm,
Bändchenspitze, 20 cm,
gebogte Spitze, 1 m – 2 Druck-
knöpfe, Faden, Nadeln, Schere.

Arbeitsanleitung

Bett

Mit Hilfe des Rasters zunächst alle
Teile zuschneiden bzw. aussägen.
Als erstes werden nun die Seitenteile
mit den Eckpfosten verbunden.
Geschickte Heimwerker können das

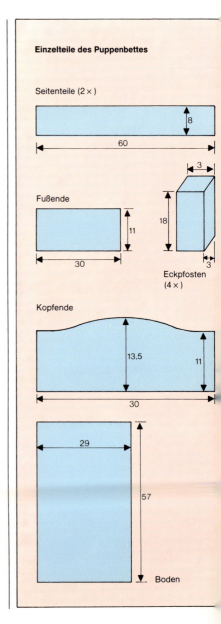

Einzelteile des Puppenbettes

Seitenteile (2 ×)

8

60

3

Fußende

11

18

30

3

Eckpfosten
(4 ×)

Kopfende

13,5

11

30

29

57

Boden

46

Puppenbett

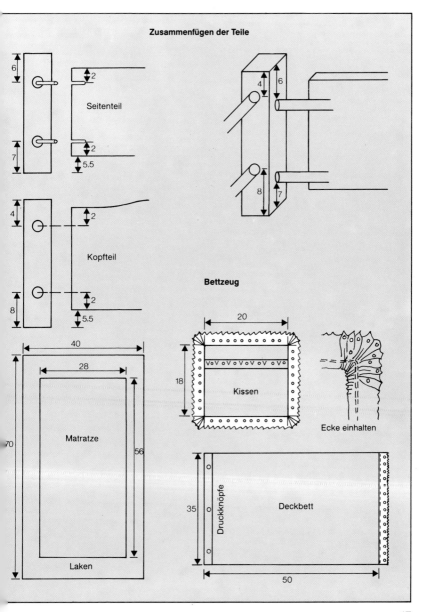

Zusammenfügen der Teile

Seitenteil

Kopfteil

Bettzeug

Kissen

Ecke einhalten

Matratze

Laken

Druckknöpfe

Deckbett

Puppenbett

durch Zapfen. Weniger Geübte sollten lieber fertig zu kaufende Holzdübel verwenden.

In die Vierkanthölzer jeweils 6 cm von der oberen und 7 cm von der unteren Kante ca. 1,5 cm tiefe Löcher für die Dübel bohren. Dazu entsprechend in die Seitenteile, je 2 cm von der Kante entfernt, ebenfalls Löcher bohren; der Abstand vom Boden bis untere Bettkante muß 5,5 cm betragen. Die Dübel mit Leim bestreichen, einpassen und die Holzteile zusammenfügen, trocknen lassen.

Wie die Seitenteile wird auch das Kopfteil durch eingeleimte Dübel mit den Eckpfosten verbunden, ebenso das Fußteil. Um beim Bohren nicht auf die Dübel der Seitenwände zu stoßen, werden die Abstände der Bohrlöcher am Rand geändert: Der Abstand von der oberen Kante des Pfostens beträgt 4 cm, von der unteren Kante her 8 cm. Darauf achten, daß der Abstand vom Fußboden genauso groß ist wie bei den Seitenteilen! Die Dübel mit Leim bestreichen, einsetzen und das Bett zusammenbauen. Gut trocknen lassen.

Auflage für den Bettboden: An den unteren Innenkanten der beiden Seitenteile die schmale Leiste mit Leim und kleinen Nägeln befestigen. Die Leiste an der nach oben zeigenden Seite mit Leim bestreichen, die Spanplatte auflegen, vorsichtig annageln. Trocknen lassen. Das fertige Bettchen nach Belieben bemalen.

Bettzeug

Matratze   Den Bezugsstoff an drei Seiten zusammennähen, die offenen Kanten versäubern und 2 Druckknöpfe zum Verschließen annähen.

Laken   Das Laken an den Rändern einsäumen.

Deckbett   Vor dem Zusammennähen des Bezuges (wie oben) in die obere Kante die weiße Baumwollspitze einlegen und festnähen. Als Verschluß Druckknöpfe annähen.

Kissen   Das Kissen nähen wie oben. Als Verschönerung möglich: Auf die Vorderseite, 2 cm vom Rand entfernt, schmale Bändchenspitze aufsteppen. Zwischen die anderen Nahtkanten gebogte Spitze legen, dabei an den Ecken die Spitze etwas einhalten. Das Kissen unten mit 2 Druckknöpfen verschließen.

Kleine Puppen

Wie handgestrickt sehen sie aus, sind es aber nicht. Sie sind aus einem alten, ausgedienten Baumwollpulli entstanden und ganz leicht nachzuarbeiten. Die einzelnen Körperteile sind mehr oder weniger sackförmig; das Innenleben: ein Baumwollstoffkörper, gefüllt mit Dacronwatte. Die Puppen vertragen sowohl den Sandkasten als auch die Badewanne. Und natürlich vertragen sie die Waschmaschine. Zum Ausziehen sind sie nicht geeignet.

Material

Weiße Puppe (ca. 25 cm groß)
Ein alter Pulli oder Strickstoff, 55 × 45 cm – weißer Stoff für den Körper, hautfarbener oder bräunlicher Stoff wäre sicher noch hübscher, 55 × 40 cm – Dacronwatte zum Ausstopfen, ca. 100 g – Baumwollrest für Haare und Gesicht.

Gestreifter Hosenanzug
Blau-weiß-gestreifter Baumwollstoff, 52 × 40 cm.

49

Kleine Puppen

Arbeitsanleitung

Weiße Puppe
Schnittmuster mit Hilfe eines Rasters in Originalgröße zeichnen (Seite 14) und auf den Stoff aufstecken. Die einzelnen Teile für den Körper zuschneiden, dabei sind keine Nahtzugaben zu berücksichtigen. Aber: Hände und Füße mit zuschneiden. Teile, wie in der Zeichnung angegeben, zusammennähen und mit der Watte gut ausstopfen. Jedes Teil nach dem Ausstopfen zunähen. So kann die Watte nicht verrutschen und die Puppe behält ihre Form. Den ausgestopften Kopf an der Halsöffnung zusammennähen, die Naht etwas einreihen und zusammenziehen, so daß ein Hals entsteht. Jetzt alle Körperteile miteinander verbinden.

Die Kleidungsstücke nach dem gleichen Schnitt wie für den Körper zuschneiden, allerdings mit großzügiger Nahtzugabe, ca. 1–1,5 cm. Die Nähte müssen verstürzt gegeneinander genäht werden (besser noch mit doppelter Naht), damit der Strickstoff keine Laufmaschen bekommt. An den Händen und Füßen die verkürzte Länge beachten, damit diese sichtbar bleiben.

Beachten: Beim Zuschneiden möglichst viele abgekettete Kanten oder Bündchen als Abschlüsse verwenden, sie brauchen dann nicht gesäumt zu werden.

Gesicht sticken und die Haare knüpfen: Von der Kopfmitte zu den Seiten hin Fäden spannen, verknoten und in Zopflänge abschneiden, evtl. binden oder flechten (siehe auch Seite 39).

Puppe mit gestreiftem Anzug
Für den Körper die Schnitteile der anderen Puppe verwenden. Die Beine aber nur ca. ⅔ so breit zuschneiden, damit sie nicht zu plump aussehen. Den Körper genauso wie bei der weißen Puppe fertigstellen.

Für den Hosenanzug die Teile, wie in der Zeichnung angegeben, zuschneiden. Mit dem Nähen der Ärmel beginnen, Ärmel überziehen. Das Bündchen am angezogenen Arm etwas einreihen, festziehen und am Arm so annähen, daß der Ärmel nicht mehr verrutschen kann. An der Schulter ebenfalls etwas einreihen und beide Ärmel am Körper festnähen.

Beim Hosenteil erst alle Nähte schließen, die Nähte am Oberteil nicht. Dabei darauf achten, daß die markierte Naht (xxx) nur von der Taille bis zum Schritt gehen darf. Jeweils ein vorderes Hosenbein mit einem hinteren zusammennähen. Der Puppe das halbfertige Teil anziehen, in der Taille abbinden, so daß der Stoff nicht mehr verrutschen kann. Die beiden Oberteilseiten an den Schultern etwas einhalten bzw. fälteln und verdeckt am Körper annähen. Vordere, hintere sowie die Naht unter den Armen verdeckt zunähen. An den »Knien« die Hosenbeine umschlagen, einreihen und ebenfalls verdeckt annähen. Den Kragen schräg zuschneiden, von links zusammennähen oder außen mit Zickzackstichen einbördeln, wenden und um den Hals herum festnähen.

Haare und Gesicht wie bei der weißen Puppe aufnähen.

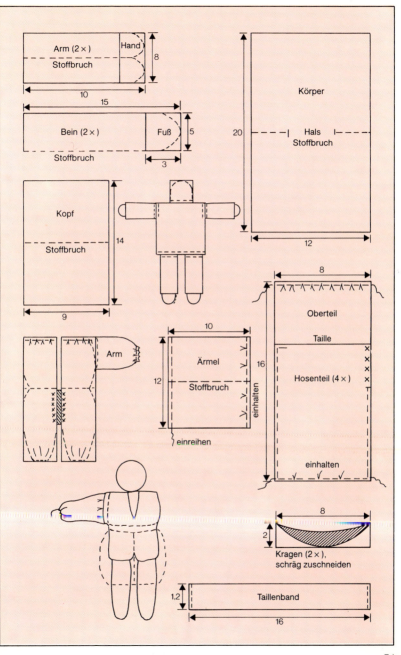

Arm (2 ×)   Hand
Stoffbruch
8
10

15
Bein (2 ×)   Fuß
Stoffbruch
5
3

Körper
Hals
Stoffbruch
20
12

Kopf
Stoffbruch
14
9

Arm

Ärmel
Stoffbruch
10
12
einhalten
einreihen

Oberteil
Taille
Hosenteil (4 ×)
8
16
einhalten

Kragen (2 ×),
schräg zuschneiden
8
2

Taillenband
1,2
16

51

Kasperlvorhang

Ein Kasperltheater aus Holz, wie üblich, braucht viel Platz, steht im Weg, fällt leicht um, bietet nur wenig Spielraum, vor allem hinter der Bühne. Praktischer, vielseitiger, ungefährlicher, witziger ist die Bühne, die aus einem Vorhang besteht. Der Kasperlvorhang kann in oder neben einer Tür hängen und auf einer Schiene oder Stange zum Öffnen der Tür jederzeit auf die Seite geschoben werden.

Die Bühne ist ein »Loch« bzw. eine Klappe im Vorhang (hier eine Hausfront). Sie läßt sich öffnen, nach unten klappen und nach dem Spiel mit Druckknöpfen wieder schließen. Hinter dem Vorhang haben die Spieler Platz für sich, für die Puppen und Requisiten. Näht man an den Vorhang hinten Haken an und an die Puppen passende Ösen, so können die Puppen platzsparend und außerdem dekorativ »aufgehängt« werden.

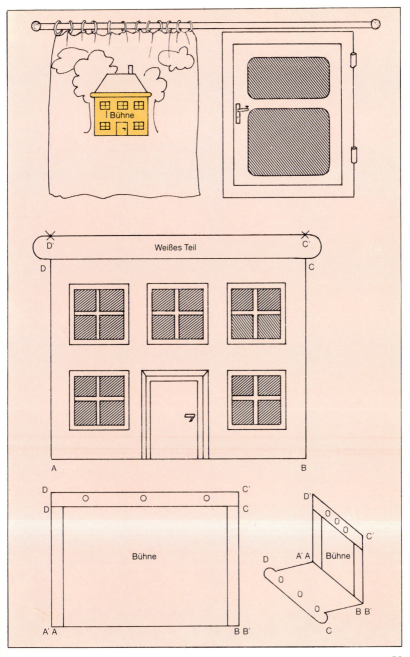

Weißes Teil

Bühne

Kasperlvorhang

Material

Rupfen oder Filz, ca. 210 × 110 cm –
Futterstoff, ca. 210 × 110 cm.
Stoffreste für Applikationen
mittelblau, ca. 110 × 35 cm
hellblau, ca. 110 × 40 cm
weiß, ca. 200 × 45 cm
rot, ca. 70 × 50 cm
gelb, ca. 50 × 40 cm
moosgrün, ca. 140 × 70 cm
dunkelgrün, ca. 100 × 60 cm
hellgrün, ca. 50 × 80 cm
braun, ca. 110 × 25 cm.
Aufbügelbares Schrägband zum Einfassen für Fenster und Tür, ca. 4,80 m
– Vlieseline – Gardinenleiste oder
Holzstange – Gardinenhaken,
Gardinenband, Holzringe –
Papierbogen, Bleistift, Schere,
Pauspapier.

Arbeitsanleitung

Den Stoff mit großen Zickzackstichen rundum versäubern.
Die »Bühne« ist die Hausfront: aufzeichnen, ausschneiden und ebenfalls mit Zickzackstichen versäubern.
Das ausgeschnittene Teil wird gesondert fertiggestellt: Fensterflächen im
Ganzen applizieren, Rahmen und
Sprossen entstehen durch aufgenähtes Schrägband. Am besten eignet
sich doppelseitig eingebügeltes
Schrägband, das es in vielen Farben
zu kaufen gibt. Damit man bei
geschlossener Bühne nicht seitlich
hineinsehen kann und damit die
Klappe schließbar wird, muß in den
Ausschnitt ein Besatz aus dem Stoff
der Hausfront eingenäht werden. Die
aufgenähten Applikationen, die bei

geöffneter Bühne sichtbar werden,
können natürlich auch weggelassen
werden.
Um das gesamte Vorhangmotiv in
Originalgröße zu erhalten, auf einen
Bogen Papier von der Größe des Vorhangs Quadrate von 10 cm zeichnen.
In das jeweilige Quadrat die Linien
der einzelnen Applikationsflächen
übertragen. Die einzelnen Applikationsflächen abpausen, auf die jeweiligen farbigen Stoffe übertragen, ausschneiden und auf alle Ränder Vlieseline aufbügeln, sie verhindert das
Ausfransen, besonders bei Samt.
Bei unserem Beispiel wurden nur
Plüsch- und Möbelsamtreste verwendet. Beim Zuschneiden in verschiedenen Strichrichtungen ergeben sich die verschiedenen Farbschattierungen von selbst.
Die Flächen sorgfältig auf den Untergrund heften, um Falten beim späteren Aufnähen zu vermeiden. Die Applikationen mit Zickzackstichen mit
der Nähmaschine aufnähen (Ungeübte machen dies leichter mit verdeckten Saumstichen von Hand).
Nun den Vorhang am Rand einschlagen, Futterstoff auflegen, stecken,
heften, gegenseitig zusammennähen. Die Bühnenkanten mit dem
Futterstoff versäubern.
Die Hausfront ebenfalls applizieren,
abfüttern und an der unteren Kante
des Ausschnitts annähen. Die Druckknöpfe an der oberen Kante und
Gegenkante annähen.
Das Gardinenband von innen mit kleinen Köpfchen an den oberen Rand
des Vorhangs nähen. Haken oder
Holzringe anbringen.

Tütenkasperl

Material

1 Holzperle oder Holzkugel mit Loch, ca. 3 cm ⌀ (evtl. auch Holzknopf für Schranktüren), für den Kopf – 1 Rundholz, ⌀ dem Loch in der Holzperle (bzw. Kugel bzw. Knopf) entsprechend – 19 × 19 cm biegsamer, leichter Karton für die Tüte – verschiedene Stoff- und Filzreste für die Bekleidung und als Verkleidung für die Tüte – etwas Wolle oder Fell für die Haare – Schere, Kleber (evtl. Leim), Nähzeug, Farben zum Anmalen des Gesichts, ca. 60 cm Litze oder Bortenreste.

Arbeitsanleitung

Tüte mit Mütze nach Schnittschema aus Karton ausschneiden. Die ausgeschnittenen Teile mit Stoff überziehen und zusammenkleben oder -nähen. Das Kleid zuschneiden und zusammensteppen; den Hals offen lassen. Die Hände annähen. Den Kopf mit Wolle oder Fell bekleben, das Gesicht aufmalen.

Das Rundholz an einem Ende so anspitzen, daß es in das Loch des Holzkopfes paßt; dann mit Klebstoff oder Holzleim bestreichen und den Kopf mit dem Rundholz verbinden. Trocknen lassen.

Den unteren Rand des Kleides am oberen äußeren Rand der Tüte ankleben. Den geklebten Rand mit einer Litze oder Borte verdecken. Den Stab mit dem Kopf von oben durch die Tüte stecken. Unterhalb des Kopfes das Rundholz mit Kleber bestreichen. Den Halsausschnitt des Kleides, den man mit einem Faden leicht einhalten sollte, ankleben, bei noch feuchtem Klebstoff mit einem festen Faden mehrmals umwickeln und verknoten. Die Umwickelung mit einem kleinen Stück Borte verdecken. Gut trocknen lassen. Zum Schluß die Mütze mit Klebstoff aufsetzen, fertig ist der Tütenkasperl.

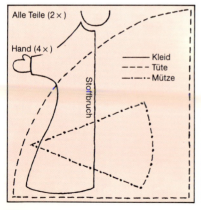

Alle Teile (2 ×)

Hand (4 ×)

Stoffbruch

——— Kleid
– – – Tüte
–·–·– Mütze

Hampelmann

Material

Sperrholz oder dicke Pappe –
Schnur, Nieten oder
Büroklammern mit rundem
Kopf – 1 Holzperle –
Bleistift, Durchschlagpapier,
Laubsäge, Schere, Bohrer, Farben,
Lacke, Pinsel.

Arbeitsanleitung

Die Zeichnung mit Hilfe des Rasters
vergrößern (Seite 14), auf das Holz
oder die Pappe mit Durchschlagpapier übertragen. Die einzelnen Teile
aussägen und die Löcher bohren. Die
Teile bemalen und anschließend lak-
kieren, trocknen lassen. Mit den Nieten zunächst Ober- und Unterschen-
kel zusammenfügen, dann Arme und
Beine am Körper befestigen; sie
müssen sich gut bewegen lassen.
Die Arme durch die dafür vorgesehenen Fadenlöcher mit einem Querfa-
den miteinander verbinden; ebenso
die Beine. Dabei müssen die Enden
der Fäden gut verknotet werden. In

der Mitte der beiden Querfäden
einen Längsfaden festknüpfen, an
dem man ziehen kann, damit der
Hampelmann sich bewegt. Am Ende
der Schnur eine Holzperle befestigen.

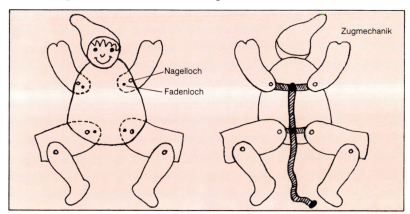

Nagelloch
Fadenloch
Zugmechanik

Mini-Marionette

Material

1 große, runde Holzperle oder
Kugel mit Loch für den Kopf –
1 Stückchen Fell oder Wolle
für die Haare – 4 Holzperlen
für Hände und Füße –
ca. 50 cm Bleischnur –
1 Pappstern (Zwirn ist auf
solche Sterne aufgewickelt) –
kleine Stoffreste, Filzstifte,
Alleskleber, Schere, Nähzeug,
dünne Schnur oder Faden.

Arbeitsanleitung

Marionette

Zuerst wird das Gesichtchen mit Filz-
stift oder Farbe auf die Holzkugel auf-
gemalt, dann das Pelzchen oder die
Wolle mit Alleskleber als Haare auf-
geklebt. Natürlich kann man die
Haare auch malen.
Von der Bleischnur werden 35 cm für
Körper, Beine und Füße gebraucht,
15 cm für die Arme. Die beiden
Stücke werden in der Mitte des län-
geren Stückes zusammengenäht.
Der Faden (lang!) wird durch den
Holzperlenkopf gezogen und nicht
abgeschnitten.
Als Hände und Füße dienen kleinere
Holzperlen. Sie werden jeweils am
Ende der Bleischnur mit einem feste-
ren, langen Faden befestigt. Die
Fäden werden ebenfalls nicht abge-
schnitten.

Anziehen der Marionette

Das Schnittschema auf ein Rasterpa-
pier mit 1 × 1 cm großen Quadraten
(Millimeterpapier) übertragen. Der
Schnitt entspricht dann der Originalgröße. Die einzelnen Teile auf den
jeweiligen Stoff durchpausen, dabei
auf Stoffbrüche achten und kleine
Nahtzugaben machen.
Die weißen Manschetten an die Blu-
senärmel annähen, die Seitennähte
schließen. Einen kleinen Halsausschnitt schneiden, nach dem Wenden die Bluse über den Bleischnur-
körper ziehen. Am Halsausschnitt
rundherum einen kleinen Umschlag
nach innen biegen und einreihen. Mit
dem Reihfaden die Bluse am Körper
befestigen.

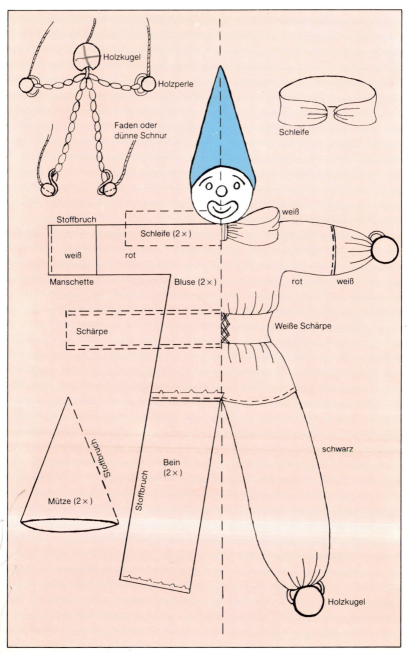

Holzkugel

Holzperle

Faden oder
dünne Schnur

Schleife

weiß

Stoffbruch

Schleife (2 ×)

weiß   rot

Manschette   Bluse (2 ×)

rot   weiß

Schärpe

Weiße Schärpe

schwarz

Mütze (2 ×)

Bein
(2 ×)

Stoffbruch

Stoffbruch

Holzkugel

Mini-Marionette

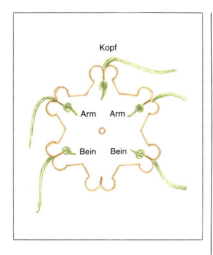

Kopf

Arm   Arm

Bein   Bein

An den Ärmeln den Stoff nach innen etwas einschlagen und einreihen, an der Verbindungsstelle der Kugel mit der Bleischnur fest annähen.

Die Hose besteht nur aus zwei rechteckigen Stücken Stoff, die am vorderen und hinteren Saum der Bluse angenäht werden. Vor dem Schließen der Seitennähte die Bleischnur in das jeweilige Hosenbein stecken. Wie beim Ärmel die Ränder einschlagen, einreihen, mit der Bleischnur verbinden.

Um die Taille die Schärpe (doppelt zusammengenäht) binden, an der Bluse befestigen, da sie sonst rutscht.

Aus dem kleinen Streifen weißen Stoffs die Schleife für den Hals legen, in der Mitte mit Faden abbinden und vorn am Blusenausschnitt annähen. Das kegelförmige Teil für die Mütze doppelt ausschneiden, zu einer Tüte formen, auf den Kopf setzen und zusammenkleben. Darauf achten, daß der Faden zur Spitze der Mütze herausgeht.

Die Fäden zum Führen der Puppe

Nun werden die Fäden zum Führen der Puppe mit dem Pappstern verbunden. Der Faden, der durch den Kopf führt, wird am Ende verknotet und in einer Kerbe des Pappsterns befestigt. Genauso werden die Fäden von Händen und Füßen in je zwei Kerben des Pappsterns angebracht. Die Länge der Fäden läßt sich am besten oben am Pappstern regulieren.

Um die Puppe richtig zu führen, sollte man vorher etwas üben.

Handpuppe Dackel

Material

1 Strumpf, möglichst nicht zu dünn, evtl. mit farbiger Spitze oder Ferse für den Kopf – Wolle oder 1 Stück Strickstoff, farblich passend zum Strumpf, ca. 40 × 30 cm, für den Körper – Pelz, Plüsch oder Lederreste für die Ohren – 2 Knöpfe oder Holzperlen für die Augen – Schnur oder Borsten (Besen) für die Schnurrbarthaare – Pappe für die Fingerhülse – Watte zum Ausstopfen für den Kopf – Nähzeug, Schere, Nadel.

Handpuppe Dackel

Arbeitsanleitung

Die Nase (Strumpfspitze) wird zuerst mit Watte ausgestopft und dann, wie das Bild zeigt, abgebunden. Nun wird der restliche Kopf (= Fuß des Strumpfes) bis zur Ferse mit Watte ausgestopft.

Krallen sticken

Um die Puppe führen zu können, braucht man im Kopf des Dackels eine Papphülse, die etwas dicker sein muß als der eigene Zeigefinger. Die Ferse des Strumpfes muß jetzt um die Hülse herum so gut ausgestopft werden, daß die Papphülse senkrecht darin stecken bleibt. Durch mehrmaliges Abbinden des Halses, festes Umwickeln mit Schnur wird ein Verrutschen der Führungshülse verhindert. Nun können die Augen aufgenäht werden. Für die Ohren schneidet man aus Leder oder Pelz zwei längliche Formen zu, je nach Rasse des Dackels, und näht sie an.

Für den Körper benötigt man einen fast ellenbogenlangen, nicht zu weiten Stoffschlauch. Sollen Mittelfinger und Daumen auch »mitspielen« können, schneidet man seitlich in den Stoff zwei Öffnungen, in die je ein Finger eines ausgedienten Fingerhandschuhs eingenäht werden.

In unserem Beispiel wurde der Körper aus Wolle gestrickt. Je nach Wollstärke schlägt man ca. 60 Maschen an und strickt auf 4–5 Nadeln einen 40 cm langen Schlauch. In der Höhe von ca. 30 cm legt man im Abstand von ca. 12 cm jeweils 10 Maschen still, nimmt sie aber in der nächsten Reihe wieder auf. Hat man eine Länge von 40 cm erreicht, kettet man ab und strickt dann an der Stelle der stillgelegten Maschen einen Finger, wie bei einem Handschuh. Die Spitze wird nicht wie üblich gestrickt, sondern einfach gerade abgekettet und anschließend zusammengenäht. Mit einem farbigen Wollfaden werden die Krallen gestickt.

Der fertige Körper kann jetzt oberhalb der Abbindestelle am Kopf befestigt werden. Als letztes werden die Schnurrbarthaare angebracht.

Pappmaché-Zoo

Material

Grundform I
Zeitungspapier (am besten
Wochenendausgaben –
Spezial-Tapetenkleister –
Klebestreifen oder Schnur.

Grundform II
Pappröhren, z. B. Küchenrolle o. ä. –
Klebestreifen.

Kaschieren und Fertigstellen
Zeitungspapier – Tapetenkleister –
Pinsel, Farbe.

Arbeitsanleitung

Grundform I
Einige dicke Zeitungen leicht
anfeuchten (mit dem Wäschespren-
ger) und mehrere Stunden gut
durchziehen lassen, damit das Papier
weich und biegsam wird. Aus einzelnen Bogen Rollen formen: eine dicke
für den Bauch, eine für Hals und
Kopf, jeweils eine für Vorder- und
Hinterbeine. Länge und Durchmesser der Rollen richten sich nach dem
gewünschten Tier.

Pappmaché-Zoo

Nun die Teile zusammenfügen: Den Tapetenkleister nach Vorschrift auf der Packung anrühren und quellen lassen. Auf das Bauchteil an den Berührungsflächen die mit Tapetenkleister bestrichenen Beine auflegen und um den Bauch herum anpassen. Mit Schnur oder Band umwickeln und einige Stunden trocknen lassen. Dann, je nach Tierart, Kopf- und Halsteil formen, mit Kleister an den Berührungsflächen bestreichen, am Bauch anpassen und mit Schnur oder Klebestreifen zusammenbinden. Die Schnur kann nach dem Trocknen entfernt werden, muß aber nicht, da erst anschließend die eigentliche Form des Tieres durch Kaschieren mit Pappmaché entsteht.

Grundform II

Der Körper des Tieres ist aus Pappröhren aufgebaut: Die Röhren in der passenden Größe zuschneiden und die einzelnen Teile ineinander einfügen. Ungenauigkeiten lassen sich hierbei nicht vermeiden, z. B. daß Öffnungen beim Ausschneiden zu groß geraten. Diese Stellen sind aber leicht mit Klebestreifen zu korrigieren. Sind alle Teile miteinander durch Zusammenstecken verbunden, einen »Verband« aus Klebestreifen an alle Nahtstellen anlegen.
Nach dem Prinzip der Grundform II lassen sich die Tiere leichter in verschiedenen Körperhaltungen darstellen als nach Grundform I. Sie sind allerdings nicht so haltbar, da ihr Körper ja hohl ist.
Beide Formen werden nun auf die gleiche Weise kaschiert.

Kaschieren und Fertigstellen

Über Nacht eingeweichtes Zeitungspapier in kleine Stücke reißen, mit aufgelöstem Tapetenkleister versetzen und so dick zu Brei verarbeiten, bis er sich gut formen läßt. Ist er zu weich, noch mehr Zeitungen dazugeben und gut durchkneten. Am besten über Nacht, wenigstens aber einige Stunden stehen lassen (in einem geschlossenen Gefäß läßt sich der Papier-Kleisterbrei längere Zeit aufbewahren).
Damit der Kleisterbrei beim Modellieren nicht vom Skelett wieder abrutscht, nur in dünnen Schichten auf die Grundform auftragen. Zwischen jede Schicht größere Stücke feuchtes Papier auflegen, leicht andrücken, wie bei einem Verband. Größere Tiere evtl. liegend modellieren und jede Seite erst antrocknen lassen, bevor weitergearbeitet wird. So lange mit dem Kaschieren der Form fortfahren, bis die Tierform die gewünschten Züge hat.
Als letzte Schicht größere Stücke nasses Papier möglichst faltenfrei über die Form ziehen. Das Tier in einem nicht geheizten, eher kühlen Raum mehrere Tage trocknen lassen. Bei zu schnellem Trocknen reißt die Oberfläche leicht auf. Entstehen trotz kühler Aufbewahrung Risse, so lassen sich diese mit Kleisterbrei leicht ausbessern, ebenso alle Unebenheiten, die sich ergeben.
Das trockene Tier kann jetzt nach Lust und Laune bemalt werden. Eine Schicht Lack macht es unempfindlich gegen Flecken oder Aufweichen, falls es im Zoo einmal regnet.

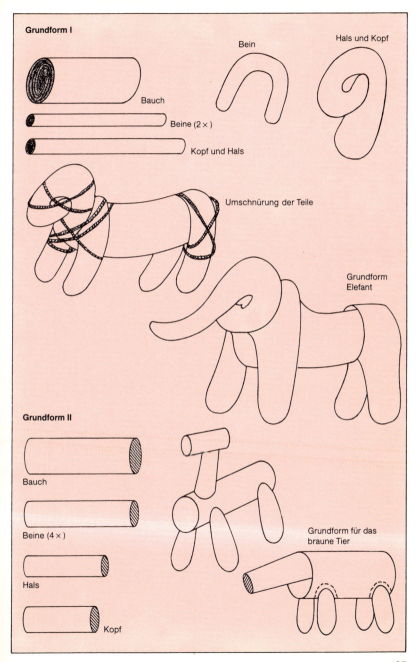

Grundform I

Bauch

Beine (2 ×)

Kopf und Hals

Bein

Hals und Kopf

Umschnürung der Teile

Grundform
Elefant

Grundform II

Bauch

Beine (4 ×)

Hals

Kopf

Grundform für das
braune Tier

Pinguin

Der Pinguin hat seinen Vorläufer in einer Art »Seehund«. Wie er ist er im Prinzip ein Stück Holz, das nachgezogen oder auf dem Boden hin und her bewegt werden kann. Damit das Holzstück nicht schleift, hat es eine Querachse, an der zwei Hölzer die Räderfunktion übernehmen. Da die beiden Hölzer mit ihren schrägen Schnittflächen verschieden an der Achse befestigt werden, entsteht beim Bewegen des Tieres der Eindruck des Ruderns. Das erste entstandene Tier gab durch Zufall, weil die Hölzer aneinanderrieben, quietschende Töne von sich und heißt darum heute noch Quietsch.

Material

1 Stück Rundholz, ⌀ 8 cm, 23 cm lang (Körper) – 1 Stück Rundholz, ⌀ 5 cm, 11 cm lang (Kopf mit Hals) – 2 Stücke Rundholz, ⌀ 3,5 cm, 10 cm lang (Flossen) – 2 Stücke Dübelholz, ⌀ 1 cm, 4 cm lang (mittlere Schwanzfeder und Schnabel) – 3 Stücke Dübelholz, ⌀ 0,5 cm, 4 cm lang (seitliche Schwanzfedern und Halsbefestigung) – 1 Stück Dübelholz, ⌀ 1 cm, 12 cm lang (Achse) – Holzbohrer, Säge, Leim, evtl. Farbe, Holzfeile.

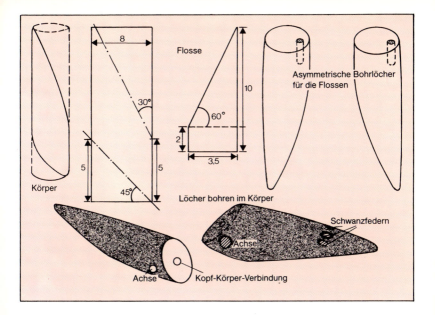

Flosse

8

30°

Asymmetrische Bohrlöcher
für die Flossen

10

60°

2

3,5

Körper

5 5

45°

Löcher bohren im Körper

Schwanzfedern

Achse

Achse Kopf-Körper-Verbindung

Arbeitsanleitung

Wie in der Zeichnung angegeben,
vom großen Rundholz (Körper) an
einem Ende im Winkel von 45° einen
Keil abschneiden, dessen Höhe 5 cm
beträgt. An der gegenüberliegenden
Seite im Winkel von 30° und einer
Höhe von ca. 10 cm ebenfalls einen
Keil wegnehmen, dessen Spitze mit
dem Ende des Holzes zusammen-
fällt. Alle entstandenen Kanten rund-
schleifen.
Die beiden Rundhölzer für die Flossen ebenfalls nach Zeichnung
zuschneiden. Für die Achsenbefesti-
gung je ein Loch (ca. 1 cm tief) in der
Stärke des Holzdübels (= Achse)
asymetrisch zum Mittelpunkt des
Rundholzes bohren. Durch diese
Asymetrie kommt die rudernde
Bewegung zustande. Die Achse in
Flosse 1 mit Hilfe von Leim befestigen und trocknen lassen.

Nun alle Löcher in den Körper bohren: Zunächst das Rundholz mit der
langen Schnittfläche nach unten so
hinlegen, wie der Körper beim fertigen Tier zu liegen kommt. Die
Flosse 1, mit der kurzen Seite nach
unten zeigend, im rechten Winkel
zum Körper legen und den idealen
Durchstoßpunkt für die Achse
suchen. Das Loch für die Achse,
etwas größer als die Achse selbst, so
durch den Körper bohren, daß sie
sich darin leicht drehen kann. Das
Flossenteil beiseite legen. Von der
Schnittfläche aus, die später die Verbindung mit Hals und Kopf bildet,
senkrecht (etwa im Mittelpunkt) ein
ca. 1,5 cm tiefes Loch bohren. Am
Schwanzende, ca. 4 cm vom Rand
entfernt, drei Löcher im Abstand von
0,5 cm schräg in den Körper bohren,
hier werden später die drei »Federn«
eingesetzt. Für die mittlere »Feder«,
die dicker als die beiden äußeren ist,

Pinguin

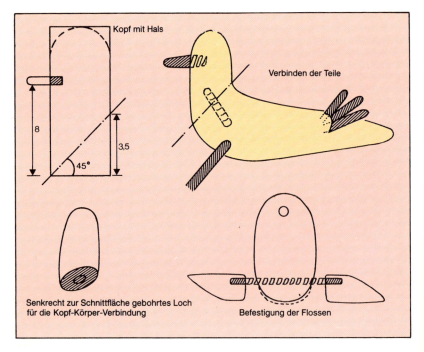

Kopf mit Hals

8

3,5

45°

Verbinden der Teile

Senkrecht zur Schnittfläche gebohrtes Loch
für die Kopf-Körper-Verbindung

Befestigung der Flossen

ein entsprechend größeres Loch bohren.

Den Kopf samt Hals, wie in der Zeichnung angegeben, aus dem kleineren Rundholz schneiden. Am oberen Ende rund schleifen, evtl. etwas verjüngen. Die Kanten der Schnittflächen abrunden und probeweise den Kopf auf den Körper setzen. Kleine Ungenauigkeiten, die beim Sägen entstanden sind, lassen sich mit einer Holzfeile jetzt leicht ausbessern. Das Loch für den Schnabel bohren, den Schnabel selbst erst später einsetzen.

Hals und Körper zur besseren Haltbarkeit mit Hilfe eines Dübels verbinden. Dazu in das bereits gebohrte

Loch im Körper den dafür vorgesehenen Dübel einsetzen. Ebenso wie beim Finden des Achsendurchstoßpunktes den Idealpunkt für das Dübelloch im Hals suchen und das Loch bohren. Dübel und Schnittflächen leimen und alle Teile verbinden. Ebenso Schnabel und Schwanzfedern in die vorgesehenen Löcher einsetzen.

Die Achse mit Flosse 1 durch das Loch im Körper stecken und auf der anderen Seite die Flosse 2 wie in der Zeichnung befestigen. Trocknen lassen. Evtl. mit U-Haken eine Schnur am Hals des Pinguins befestigen. Nach Belieben kann er natürlich bemalt werden.

Schmetterklapperling

Material

2 Brettchen, 10 × 7 × 1 cm (Flügel) –
1 Brettchen, 14 × 3 × 1 cm
(Körper mit Heck) –
1 Holzklötzchen, 4 × 4,5 × 2 cm
(Fahrgestell) – 2 Räder,
∅ 4 cm, ca. 1 cm dick –
1 Dübelholz, 6 × 0,5 cm (Achse) –
1 Lederstückchen, 4 × 2,5 cm –
2 Stücke Draht, je 7 cm lang,
ca. 2 mm ∅ – Schleifpapier,
8 Nägelchen, 4 U-Haken,
Leim, Farbe, Pinsel,
Bleistift, Lineal, Bohrer,
Säge, Hammer –
1 Stock zum Schieben,
1 m lang, ∅ 1 cm.

Arbeitsanleitung

Nach Zeichnung die Flügel und die
Körperform auf das Holz übertragen,
aussägen und alle Sägekanten glatt-
schmirgeln. Den Körper am Kopf
(Spitze) leicht anspitzen. An der
Heckunterseite ebenfalls etwas Holz
wegnehmen. Das Holzklötzchen für
das Fahrgestell seitlich oben
abschrägen und an den gekenn-
zeichneten Stellen durchbohren.
Das Loch in der Breitseite des Klötz-
chens größer bohren, dem Stock
entsprechend. Ebenso die Holz-
rädchen vorbereiten und jeweils in
der Stärke des Dübelholzes durchbohren.

Schmetterklapperling

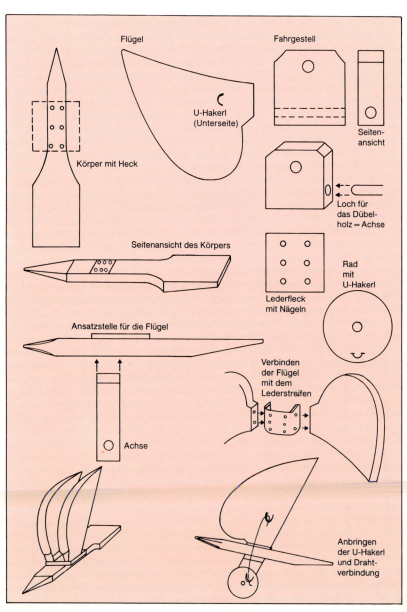

Flügel

Körper mit Heck

U-Hakerl
(Unterseite)

Fahrgestell

Seiten-
ansicht

Loch für
das Dübel-
holz = Achse

Seitenansicht des Körpers

Lederfleck
mit Nägeln

Rad
mit
U-Hakerl

Ansatzstelle für die Flügel

Achse

Verbinden
der Flügel
mit dem
Lederstreifen

Anbringen
der U-Hakerl
und Draht-
verbindung

Schmetterklapperling

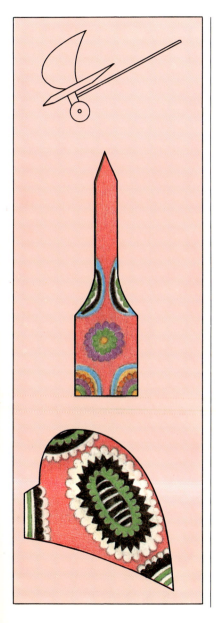

Den Körper an der angezeichneten Stelle mit dem Fahrgestell verleimen und dann nageln. Das Dübelholz (= Achse) durch den kleinen Klotz stecken. Die Räder in den Bohrungen mit Leim bestreichen und aufsetzen. Der Abstand zum Klotz sollte ca. 2 mm betragen. Die Flügel mit dem Lederstreifen durch kleine Nägel verbinden und auf dem Körper befestigen. Den Lederstreifen auf dem Körper an der in der Zeichnung bezeichneten Stelle festnageln.

An der Unterseite der Flügel an der bezeichneten Stelle je 1 U-Haken einschlagen, ebenso an den Rädern. Dann so halten, daß zwischen beiden U-Haken die kürzeste Entfernung besteht. Jeden Flügel durch ein Stück Draht mit einem Rad verbinden, die Enden des Drahtes einfach durch die Haken führen und umbiegen.

Jetzt kann der Schmetterling bemalt werden, wie in der Zeichnung vorgeschlagen: Die Flügeloberflächen werden rot grundiert mit stoßfester Lack- oder Ölfarbe. Ebenso der Körper. Das Ornament ist frei aus der Hand aufgemalt und ist in seinem Farbwechsel (weiß – grün – schwarz – weiß) bei allen Teilen gleich. An den Unterseiten ist das Holz unbemalt. Zum Schluß in das Loch im Klötzchen den Stock stecken. Damit er besser hält, gibt man einen Tropfen Leim ins Bohrloch. Trocknen lassen. Nun kann der Schmetterklapperling zu seinem »Jungfernflug« starten. Durch das Drehen der Räder wird über die Drahtverbindung mit den Flügeln das Klappern erzeugt.

Hupfente

Material

1 Schaumstoffkern, 45 cm hoch,
80 cm lang, 20 cm breit – Samt oder
ein anderer strapazierfähiger Stoff,
110 × 80 cm – Stoffreste zum Applizieren – 2 große Knöpfe, Schere,
Nähzeug (Rundnadel), Zeichengerät,
Papier.

Arbeitsanleitung

Das Schnittschema (nur die äußeren
Umrisse) mit Hilfe eines Rasters vergrößern und auf Papier übertragen.
Die Schablone auf den Schaumstoff
auflegen und die Entenform ausschneiden. Erleichterung: Mit der
Schablone in den Laden gehen,

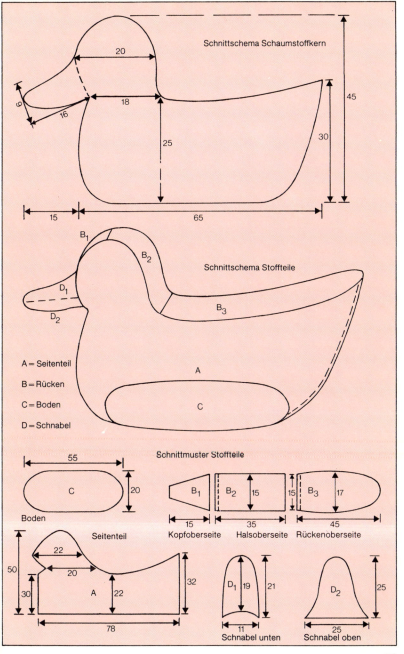

Schnittschema Schaumstoffkern

Schnittschema Stoffteile

A = Seitenteil
B = Rücken
C = Boden
D = Schnabel

Schnittmuster Stoffteile

Boden

Kopfoberseite   Halsoberseite   Rückenoberseite

Seitenteil

Schnabel unten   Schnabel oben

Hupfente

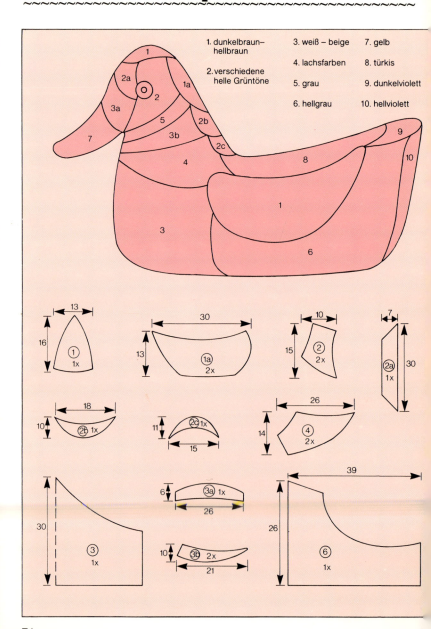

1. dunkelbraun–hellbraun
2. verschiedene helle Grüntöne
3. weiß – beige
4. lachsfarben
5. grau
6. hellgrau
7. gelb
8. türkis
9. dunkelviolett
10. hellviolett

Hupfente

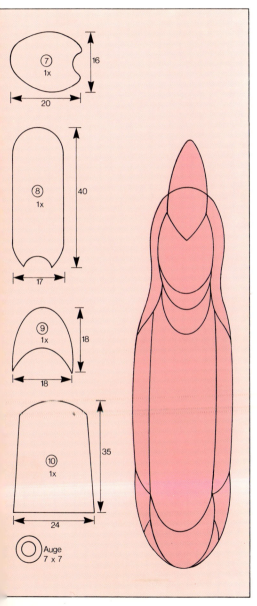

7
1x

16

20

8
1x

40

17

9
1x

18

18

10
1x

35

24

Auge
7 x 7

Entenform zuschneiden und dabei gleich die Kanten abrunden lassen.

Nun wird der Stoff zugeschnitten zum Beziehen des Schaumstoffkerns: Die einzelnen Teile nach Schnittmuster auf Papier übertragen und ausschneiden. Die Schnittmuster auf dem Stoff feststecken und mit einer scharfen Schere zuschneiden. Die großen Teile – A, B und C – können mit der Nähmaschine zusammengenäht werden. An einer Seite eine große Öffnung lassen zum Beziehen des Schaumstoffkörpers, von Hand zunähen. Mehr Arbeit, aber dafür eine bessere Paßform ergibt das Zusammennähen von Hand: Stoff direkt auf den Schaumstoffkern auflegen und mit Nadeln festhalten. Mit überwendlichen Stichen Teil für Teil verbinden.

Die kleinen, farbigen Teile, nach Lust und Laune auch weniger, nach Schnittmuster wie oben zuschneiden. Sie werden mit einer Rundnadel von Hand aufgenäht.

Für die Augen bezieht man zwei große Knöpfe mit farblich passendem Stoff. Der farbige Lidrand entsteht, indem man vor dem Annähen der Knöpfe ein etwas größeres, rundes, farblich abstechendes Stückchen Stoff unterlegt.

Steckenpferd

Material

Ca. 60 × 30 cm Stoff, dünnes Leder
oder Fellrest (Seitenteil und Ohren) –
1 Streifen, 75 × 4 cm, aus dem
gleichen Material oder farblich
abgesetzt (Stirnseite) – 1 m Besenstiel, je nach Größe des Kindes,
welches das Pferd reiten soll –
Wollreste oder ein längliches
Fellstück mit langen Haaren für die
Mähne – Watte zum Ausstopfen –
Kordel, Lederstreifen oder
schmale Gurte für das Zaumzeug –
2 Gardinenringe als Trense –
2 Holzknöpfe für die Augen –
Kleber, Schere, Wolle oder Garn
zum Besticken, Nadel, Heftfaden.

Arbeitsanleitung

Den Schnitt für Seitenteil, Stirnseite
und Ohren entsprechend Zeichnung
mit Hilfe eines Rasters vergrößern
(Seite 14). Das Schnittschema auf
Stoff, Leder oder Fell übertragen und
alle Teile zuschneiden. Bei dickerem
Material, wie z. B. Leder, die Ohren
nur 2 mal zuschneiden.
Die Seitenteile mit der Stirnseite
zusammenheften, dabei auf die Markierung achten. Nun bis zur Halsöffnung zusammennähen. Wenden und
mit Watte fest ausstopfen. Den Stock
bis zum Kopfansatz einarbeiten und
erneut auf besonders festes Ausstopfen achten. Die Nähte am Hals-

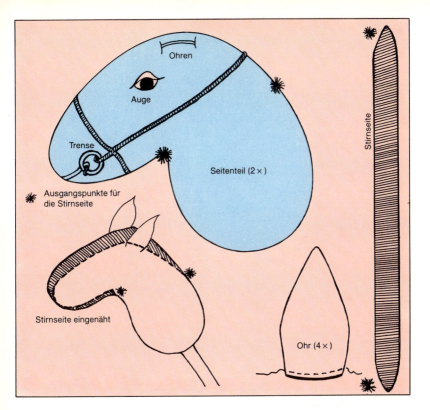

Im Bild beschriftet:
Ohren
Auge
Trense
Ausgangspunkte für die Stirnseite
Seitenteil (2 ×)
Stirnseite
Stirnseite eingenäht
Ohr (4 ×)

ende mit einem festen Faden vernähen. Die offenen Stoffkanten mit Kleber einstreichen und fest um den Stock herum andrücken.

Jeweils zwei Ohrenteile zusammennähen (bei Leder genügt einfach), durch die untere Öffnung wenden. Die offenen Stoffseiten nach innen einschlagen, zusammennähen, dabei etwas einhalten, von Hand bei der Markierung annähen.

Von den Ohren nach hinten verlaufend die Mähne anbringen. Soll die Mähne aus Wollfäden geknüpft werden, lange Fäden einfädeln, doppelt durchziehen, doppelt verknoten und bis zur gewünschten Länge abschneiden.

Die Holzknöpfe als Augen aufnähen oder die Augen mit Garn sticken. Die Maulöffnung sticken (bei Leder lieber malen).

Zum Schluß das Zaumzeug anlegen: Die Ringe für die Zügel links und rechts von der Maulöffnung, wie in der Zeichnung gezeigt, annähen. Die Zügel durchziehen und die Enden verbinden. Den oberen Riemen von den Ringen (= Trense) weg hinter den Ohren anlegen und dort mit unsichtbaren Stichen befestigen. Den zweiten Riemen um das Maul herumführen, dabei jeweils auf der Seite mit dem oberen Riemen verknoten. Die Enden unten am Hals fest zusammenziehen.

Turnierpferd

Allen kleinen und größeren Raubrittern dient ein solches Pferd zuverlässig bei täglichen Ausritten und hin und wieder stattfindenden Turnieren. Es ist nicht schwer zu reiten bzw. zu halten, denn hier trägt der Reiter sein Pferd. Es besteht aus feinem Maschendrahtgeflecht, das mit Kleisterpapier überzogen wird. Der Körper wird von einem Schutzumhang verdeckt, ähnlich wie es bei den historischen Pferden der Fall war. »Waffen«, dem Ritter entsprechend, muß man sich selbst noch ausdenken.

Material

ca. 3 qm Maschendrahtgeflecht, feinmaschig, leicht biegbar –
ca. 20 Ausgaben Zeitungspapier –
Tapetenkleister –
Plaka- oder Dispersionsfarben, dicke Pinsel, Schnur, Wolle –
ca. 2 m Lederstreifen oder Gurt für das Zaumzeug, – 2 × 1 m Stoff für den Umhang.

Arbeitsanleitung

Die Grundform
Aus einem Stück Maschendraht von ca. 1 qm (1 × 1 m) eine Rolle formen, die oben leicht konisch zuläuft. Die »Naht-«seite gut mit der Innenwand der Rolle verankern. Den oben schmalen Teil der Rolle (ca. bei der Hälfte der Rolle) abwinkeln, dadurch entstehen Hals und Kopf. Am Kopf (schmaler werdendes Teil) links und rechts Kinnbacken durch Ausbeulen des Drahtes formen. Unterhalb der entstandenen Kinnbacken das Geflecht etwas zusammendrücken,

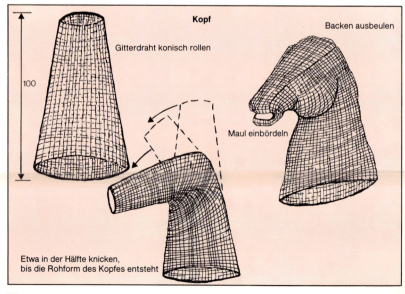

Kopf

Gitterdraht konisch rollen

100

Backen ausbeulen

Maul einbördeln

Etwa in der Hälfte knicken, bis die Rohform des Kopfes entsteht

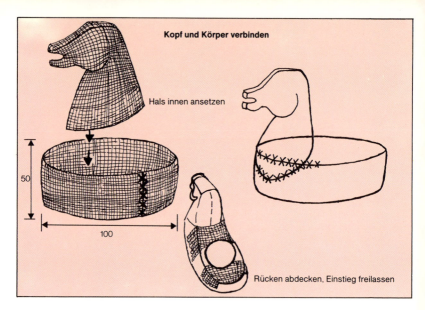

Kopf und Körper verbinden

Hals innen ansetzen

50

100

Rücken abdecken, Einstieg freilassen

am offenen Ende nach innen umschlagen, so entsteht das Maul des Pferdes.

Aus dem Maschendraht für den Körper ein Stück von 50 cm × 2 m herausschneiden und daraus eine ovale, unten und oben offene Rolle formen und zusammenfügen. An einem Ende dieser Rolle den Pferdekopf innen einsetzen und die beiden Teile gut miteinander verknüpfen, am besten mit Draht verflechten.

Aus dem noch verbliebenen Maschendraht ca. ½ qm herausschneiden, in zwei Teile schneiden und damit den Rücken des Pferdes abschließen. In der Mitte des Rückens den »Sattel« bzw. das Einstiegsloch für den Reiter freilassen. Alle Geflechtteile müssen sehr sorgfältig miteinander verbunden, die Enden umgebogen werden, damit es keine Verletzungen gibt. Aus den Maschendrahtresten die Ohren formen und ebenfalls gut verankern.

Kaschieren und Fertigstellen der Grundform

Der Drahtkörper wird nun mit mehreren Lagen (etwa 5) Zeitungspapier und Tapetenkleister kaschiert. Die Papierstücke nicht zu groß lassen, ca. 20 × 20 cm. Die in der Zeichnung schraffierten Partien sind besonders belastet und müssen deshalb mit etwa 10 Lagen stabilisiert werden. Den Tapetenkleister nach Vorschrift auf der Packung anrühren und etwas ziehen lassen. Währenddessen die Zeitungen zerschneiden und gut anfeuchten, am besten über Nacht durchziehen lassen. Das Pferd außen mit den Zeitungsblättern beschichten, jeweils Kleister zwischen die einzelnen Lagen streichen, so lange und so oft, bis das Drahtgestell nicht mehr zu spüren ist. Man muß unbedingt darauf achten, daß die Ansatzstellen der Ohren, das Maul, das Einstiegsloch sowie alle Nahtstellen besonders gut kaschiert werden. Die

Zeitungsfetzen sollten nicht zu groß sein, damit sich möglichst wenig Falten bilden. Mehrere Tage trocknen lassen. Nach Wunsch bemalen und mit Schutzlack überziehen. Das Bemalen des Kopfteiles genügt, da der restliche Körper später unter einem Umhang verschwindet.

Aus einer Schnur und dicker Wolle eine Mähne knüpfen und mit ein paar Stichen (dickes Garn) festnähen. Oder Fellreste als Mähne aufkleben. »Probereiten«: Das Kind einsteigen lassen und mit Schnüren die Länge der Tragegurte festlegen. Oder als Tip: Mit festen Hosenträgern läßt sich das Pferd gut tragen.

Umhang

Länge des Umhangs: so lang, daß die Beine des Reiters nicht sichtbar sind; Mitte des Pferderückens bis zum Fußboden × 2 (= Stoffbruch). *Breite des Umhangs:* Brustmitte bis hintere Mitte des Pferdekörpers.

Das Stoffteil für den Umhang in der Mitte falten, hier von der Seite her einen kurzen Einschnitt für den Kopf schneiden, so weit, bis die beiden Seitenkanten des Stoffes vorne an der Brust des Pferdes aneinanderreichen und dort zusammengenäht werden können. Die notwendige Einstiegsöffnung läßt sich leicht durch Abtasten am Rücken finden. Den Stoff kleiner als die Öffnung ausschneiden, überstehende Ränder nach innen umschlagen, gut vernähen. (Die Schabrackenlösung für den Umhang, wie sie auf dem Foto zu sehen ist, ist nur für geübte und geduldige Näherinnen, die sicher nach der Fotovorlage arbeiten können.)

Aus der gleichen Wolle, die für die Mähne verwendet wurde, nun den Schwanz knüpfen und am Hinterteil mit einem Stück Schnur befestigen. Zum Schluß noch das Zaumzeug anlegen.

Opas Holzfuchs

Das Tier stammt aus einem Bauernhof, auf dem mit Sicherheit kein Geld vorhanden war, den Kindern Spielsachen zu kaufen oder schreinern zu lassen. Es sieht so aus, als hätte es der Großvater nach Feierabend für seine Enkel gebaut. Alle Teile des Fuchses sind mehr oder weniger Fundsachen.

Der Holzfuchs hat den Kindern aus drei Generationen besonders viel Freude gebracht. Leider ist er vor kurzem aus Altersschwäche zusammengebrochen, hat er doch immer im Freien gestanden.

Material

1 Rundholz oder ein behauener Stamm für den Körper, 120 cm lang – 4 Äste bzw. Rundhölzer oder Zaunlatten für die Beine, 35 cm lang – 2 leicht gebogene Äste oder Hölzer für die Kufen, 125 cm lang – 2 Stücke Besenstiel für die Ohren, 20 cm lang – Lattenholz als Querverbindung und Stabilisierung der Kufen, 37 cm lang – Holzleim, Säge, Schnitzmesser, Stemmeisen, Bohrer, Schleifpapier, Farbe (im Original Ochsenblut), Nägel, Hammer, Schrauben.

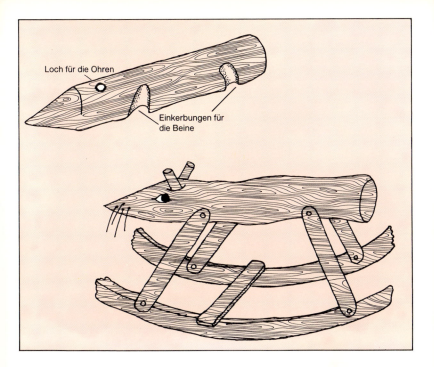

Loch für die Ohren

Einkerbungen für
die Beine

Arbeitsanleitung

Das Rundholz für den Körper muß zunächst an einem Ende zugespitzt werden, so daß eine längliche Kopfform entsteht (Zaunpfähle haben das bereits). An der Oberseite des Kopfes werden im Abstand von 10 cm zwei große Löcher gebohrt, in die später die beiden Besenstielenden als Ohren eingesetzt werden, die als Haltegriffe beim Schaukeln dienen (ursprünglich waren hier Äste eingesetzt, die aber beim 100jährigen Spiel abgebrochen sind).

Für die Beine werden an beiden Seiten des Körpers jeweils zwei Einkerbungen von der Stärke der Beinhölzer herausgestemmt oder gesägt. Leichter geht es so: Stabile Zaunlatten, die an einer Seite gewölbt und an der anderen flach sind, einfach an den entsprechenden Stellen anschrauben oder nageln. In jedem Fall werden die jeweiligen Auflageflächen mit Leim bestrichen, bevor sie zusammengefügt werden. Trocknen lassen.

In die Kufen Löcher bohren und die Beine mit den Kufen durch Schrauben verbinden, wobei wieder die Berührungsflächen vorher mit Leim eingestrichen werden. Trocknen lassen. Jetzt kann der Fuchs bereits stehen. Hinter die Füße wird noch eine Querleiste auf die Kufe genagelt bzw. geschraubt, die zur Stabilisierung dient. Die Besenstielstücke mit Leim in die vorgebohrten Löcher als Ohren einpassen. Trocknen lassen. Nun das Tier bemalen oder in Natur belassen. Fertig ist das Schaukeltier.

Windmühle

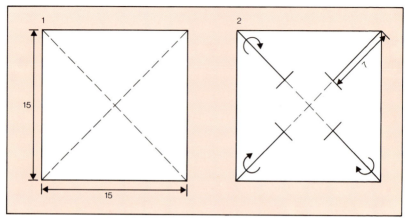

1 — 15 — 15

2

Material

1 Stück Zeichenkarton, nicht zu dick, oder Tonpapier – 1 schlanker, langer Nagel – 2 Perlen – 1 Rundholz, etwa 60 cm lang – Lineal, Bleistift, Schere, Klebstoff, Hammer.

Arbeitsanleitung

Auf einem Zeichenkarton mit Lineal und Bleistift ein Quadrat von 15 × 15 cm aufzeichnen und ausschneiden. Mit dem Lineal die Diagonalen von einer Ecke zur anderen ziehen und jeweils 7 cm tief einschneiden. Die linke äußere Spitze eines jeden Dreiecks in die Mitte des Quadrates biegen und mit einem Tupfer Klebstoff festkleben. Mit allen vier Spitzen so verfahren. Durch die Spitzen in der Mitte den Nagel stecken, auf den man vorher 1 Perle gesteckt hat. Hinter das Windrädchen kommt auf den Nagel ebenfalls eine Perle. Anschließend wird der Nagel mit dem Windrädchen an einem Ende des Rundstabes befestigt. Das Wir.drädchen kann nach Wunsch noch bemalt werden: einfarbig, mit Blüten, Herzen usw., ganz nach Lust und Laune.

Segelboot

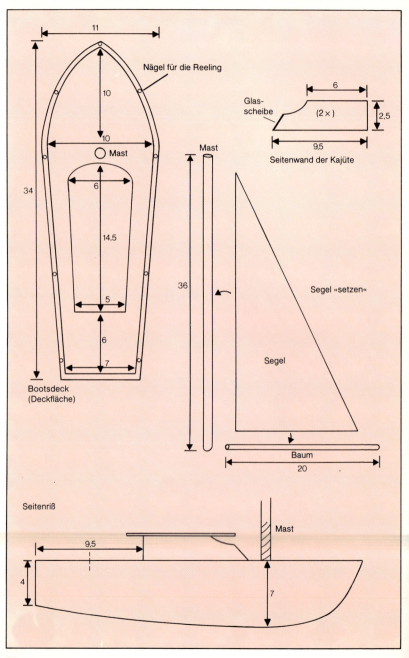

11

Nägel für die Reeling

10

10

34

○ Mast

6

14,5

5

6

7

Bootsdeck
(Deckfläche)

Glas-
scheibe

6

(2×)

2,5

9,5

Seitenwand der Kajüte

Mast

36

Mast

Segel »setzen«

Segel

Baum

20

Seitenriß

Mast

9,5

4

7

86

Segelboot

Material

1 Vierkantholz, ca. 11 × 9 × 30,5 cm, aus Linde oder einem anderen weichen Holz für den Bootskörper – 1 Stück Sperrholz, 11 × 30,5 × 0,5 cm, für die Bootsdeckfläche – 2 kleine Stücke Sperrholz, à 10 × 2,5 × 0,5 cm, für die Kajüten-Seitenwände – 1 kleines Stück Sperrholz, 11 × 5,5 × 0,5 cm, für das Kajütendach – 1 kleine Glasscheibe, 5,5 × 2 cm, für die Vorderseite der Kajüte – 1 Rundholz, 42 cm lang, 1 cm∅, für den Mast – 1 Rundholz, 20 cm lang, 0,5 cm∅, für den Baum – Säge, Stemmeisen, verschiedene Schnitzmesser (Hohlbeitel), Holzraspel, Bohrer, Nägel, Leim, Schleifpapier, Schraubzwingen, 9 Bildernägel, weißer Stoff für das Segel (36 × 20 cm), Farbe, Pinsel, 70 cm Kordel für die Reeling.

Arbeitsanleitung

Bootsdeckfläche maßstabgerecht aus der Zeichnung auf das große Stück Sperrholz übertragen und aussägen, ebenso die Öffnung für die Kajüte und das Loch für den Mast. Auf dem Vierkantholz für den Bootskörper an der Ober- und Unterseite (breite Seite) die Mitte markieren. Bootsdeckfläche auf die Oberseite des Holzes anlegen und die Konturen abzeichnen. Parallel zur entstehenden Linie eine zweite zeichnen, die die Stärke der Bootswand bezeichnet. Mit dem Stemmeisen die grobe Form des Bootsbauches herausarbeiten. Mit dem Hohleisen die Wände glätten. Das Werkstück umdrehen und die Kielseite des Bootes bearbeiten, bis sie etwa die Form hat, die dem Seitenriß der Zeichnung entspricht. Das Werkstück während dieser Arbeiten mit einer oder zwei Schraubzwingen am Werktisch befestigen. Mit Schleifpapier den Bootsrumpf glätten. Bootsdeckfläche und Bootskörper miteinander verleimen und trocknen lassen. Für den Mast vorsichtig eine Vertiefung bohren. Die kleinen Brettchen, die die Seitenwände der Kajüte bilden sollen, wie in der Zeichnung angegeben, aussägen. Mit dem kleinen Deckbrett (Kajütendach) so zusammenkleben, daß dieses in der Länge und in der Breite gleichmäßig übersteht. Gut trocknen lassen. Auf dem Bootskörper die Kajüte festleimen, trocknen lassen. An der schrägen Vorderseite der Kajüte die kleine Glasscheibe ankleben. Trocknen lassen.

Den Mast in der vorgesehenen Stellung einsetzen und festkleben. Nach dem Trocknen kann das Boot gestrichen werden.

Den Stoff für das Segel zuschneiden und am Mast befestigen. Dazu die Segelstange mit Kleber bestreichen und den Stoff rundherum andrücken. Gut antrocknen lassen. Ebenso die untere Segelkante mit dem Baum zusammenfügen.

An der Bordkante entlang in gleichmäßigen Abständen die Bildernägel ca. 1 cm tief einschlagen. Als Reeling die Kordel entlangspannen.

Floß

Material

9 gleichmäßige Rundhölzer, etwa 30 cm lang – 2 etwas dünnere Hölzer, 30 cm lang für den Mast, etwa 25 cm lang für das Ruder – 1 kleines Holzbrettchen, 4,5 × 6 × 0,5 cm, für das Ruderblatt – 2 dünne Stöcke für die Segelaufhängung, ca. 18 cm lang – 1 Stück weiches Holz oder Rinde, ca. 15 cm lang, für das Beiboot – Schnur, Stoffreste, Nägel, Hammer, Messer.

Floß

Arbeitsanleitung

7 der 9 Rundhölzer etwa 3 cm von beiden Enden entfernt einkerben, so daß in der Kerbe ein quer darübergelegtes, ebenso dickes Rundholz Platz hat. Eines der Rundhölzer in der Mitte so anbohren (nicht durchbohren!), daß in dem entstandenen Loch der Mast Platz hat. Mast einpassen, aber noch nicht befestigen. Ein eingekerbtes Rundholz mit den beiden nicht bearbeiteten durch Nägel so verbinden, daß die Form eines symmetrischen H entsteht, was die weitere Arbeit erleichtert. Von hier ausgehend, mit der kreuzweisen Verschnürung des Floßes beginnen, bis alle 7 Hölzer »montiert« sind.

Den Mast in das vorgebohrte Loch einsetzen. Das Floß umdrehen und an der Verbindungsstelle Floß/Mast vorsichtig einen dünnen, langen Nagel einschlagen. Sollte der Mast wider Erwarten wackeln, helfen eingekeilte Streichholzspäne dem Übel ab.

Das Stoffrestchen der Länge der beiden Stöcke für die Segelaufhängung anpassen und an den Kanten oben und unten durch einfaches Anknüpfen mit dem Holz verbinden. Den Mast oben einkerben, am Segel an beiden Außenseiten eine Schnur anknüpfen, durch die Kerbe des Mastes hindurchziehen und aufhängen. Am unteren Ende das Segel durch Verknüpfen mit Schnur befestigen.

Aus dem weichen Holz ein kleines Beiboot durch Aushöhlen des Holzes schnitzen (aus Baumrinde läßt es sich am einfachsten arbeiten). Dieses Beiboot wird mit einem Stückchen Schnur am Floß befestigt.

Am Stock, der für das Ruder vorgesehen ist, ein kleines Stückchen Holz als Ruderblatt befestigen.

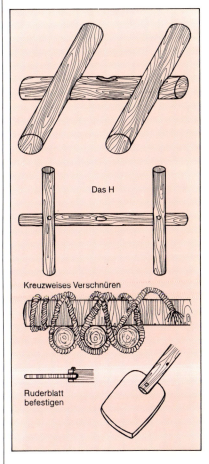

Das H

Kreuzweises Verschnüren

Ruderblatt befestigen

Zum Schluß wird das Floß an eine lange Schnur gebunden.

Stelzen

Material

Holzstelzen

2 Vierkanthölzer, 3 × 3 cm stark, die
Länge richtet sich nach Körpergröße
und Abstand vom Boden –
1 (Tritt)Brett, 3 cm stark, 20 × 9 cm –
2 Schrauben, 6 cm – 2 Schrauben,
9 cm – Holzleim, Fuchsschwanz,
Bohrer, Schraubendreher, Sandpapier.

Dosenstelzen

2 Holzgriffe, ca. 10 cm, (evtl. Tragegriffe von Kartons) – 2 Blechdosen
(Konserven) – starke Schnur, Länge
siehe Zeichnung – 1 Nagel, Hammer.

Arbeitsanleitung

Holzstelzen

Die Vierkanthölzer am besten gleich
beim Einkauf auf die gewünschte
Länge zuschneiden und die Kanten
brechen lassen (die Leisten werden
dann achteckig). Mit Sandpapier gut
abschleifen, damit das Holz nicht
splittert. Im gewünschten Abstand
vom Boden – je nach Mut des Stel-
zenden – in jede Leiste 2 Löcher für
das Verschrauben der Trittbretter
vorbohren, Abstand 8 cm, oben die
längere Schraube. Das Brett durch
einen diagonalen Schnitt in zwei Dreiecke sägen. An den beiden Seiten,
die mit der kleineren Trittfläche einen
rechten Winkel bilden, ebenso im
Abstand von 8 cm 2 Löcher vorbohren. Die Schrauben von der Außen-
seite her eindrehen. Das Trittbrett mit
Holzleim bestreichen und beide Teile
zusammenfügen.

Dosenstelzen

Die leeren Konservendosen dienen
als Trittbretter, deshalb die offenen
Seiten nach oben schauen lassen.
Ca. 2 cm vom oberen Rand gegenüberliegend in jede Dose mit dem

Stelzen

Nagel Löcher einschlagen. Die Kanten der Löcher glatt nach innen umbiegen, dadurch wird die Schnur geschont. Falls keine Tragegriffe vorhanden, lassen Sie sie sich aus zwei Stückchen Rundholz oder Haselnuß-rute zuschneiden. Die Enden werden eingekerbt, damit die Schnur hier arretiert ist. Die Schnur durch die Löcher ziehen, das jeweilige Ende um die Kerben der Holzgriffe wickeln und verknoten.

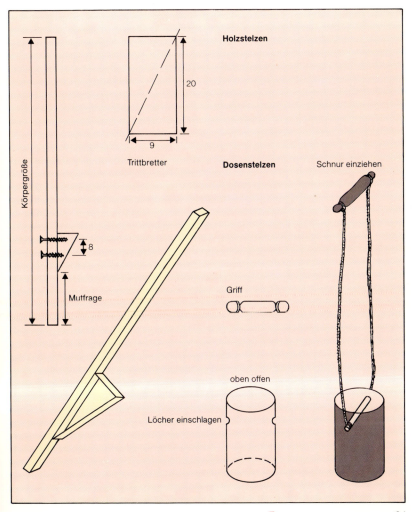

Holzstelzen

20

9

Trittbretter

Körpergröße

8

Mutfrage

Dosenstelzen

Griff

oben offen

Löcher einschlagen

Schnur einziehen

Lampions

Material

Viereckiger Lampion
Karton, der sich falzen läßt:
85 × 20 cm für die Seitenteile,
30 × 30 cm für den Boden –
80 × 20 cm Transparentpapier zum
Hinterlegen – farbiges Transparent-
papier für beliebige Motive – dünne
Pappe für die Kerzenhalterung –
Schere, Tapetenmesser, Stahllineal,
Klebstoff, Draht, Stock.

Runder Lampion
1 runde, flache Dose mit Deckel
aus Span, Karton oder anderem
leichten Material – leichte Pappe
für die Kerzenhalterung –
Pergamentpapier in beliebiger
Höhe, die Länge ergibt sich
aus dem Umfang der Dose –
farbiges Transparentpapier
für Sonne, Mond und Sterne –
Draht für den Griff –
Stock oder Rundholz zum Tragen –
Bleistift, Schere, Alleskleber.

Kürbisgespenst
1 großer, nicht zu reifer Kürbis –
scharfes, spitzes Messer, Löffel –
Halterung für die Kerze (mit Nagel,
wie für einen Adventskranz).

Arbeitsanleitung

Viereckiger Lampion
Den Karton für den Aufbau in 4 gleiche Teile von je 20 cm teilen plus
5 cm am Ende für den Falz zum
Zusammenkleben. An den Trennungslinien den Karton falzen, nach
dem Falzen wieder glatt ausbreiten.

Auf den einzelnen Flächen einen
Rahmen von je 5 cm Breite einzeich-
nen und vorsichtig mit Hilfe von Tapetenmesser und Stahllineal ausschneiden.
Auf die Rahmen in einem Stück von
hinten das Transparentpapier aufkleben. In den so entstandenen Rahmen können nun Motive nach Wahl
auf das Transparentpapier aufgeklebt
werden. Die gestalteten Seitenwände
vorsichtig an den vorgefalzten Linien
knicken und zusammenkleben.
Den Karton für den Boden an allen
4 Seiten 5 cm breit falzen, die Ecken
herausschneiden. In der Mitte die
Manschette für die Kerze anbringen
(wie runder Lampion). Den Boden
mit den Seitenteilen so zusammenkleben, daß die Falze innen liegen
und damit nicht mehr sichtbar sind.
Oben wird der Lampion offen gelas-
sen, um ein Anbrennen zu vermeiden. Draht und Stock befestigen wie
beim runden Lampion.

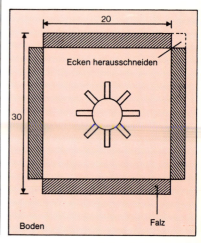

Rahmen

Falz

20

5

20

5

Trennungslinien

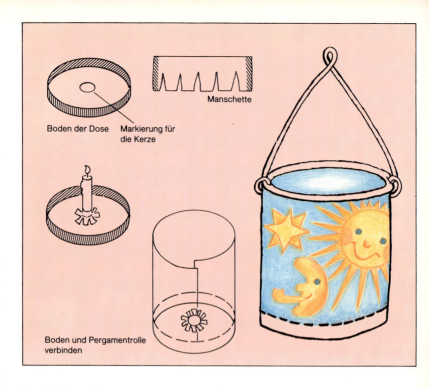

Boden der Dose   Markierung für
die Kerze

Manschette

Boden und Pergamentrolle
verbinden

Runder Lampion

Den Umfang der Dose abmessen
und das Pergamentpapier entsprechend mit »Nahtzugabe« zuschneiden. Auf das farbige Transparentpapier Sonne, Mond und Sterne oder
andere Ornamente aufzeichnen und
ausschneiden. Die Ornamente
hübsch auf dem Pergamentpapier
anordnen und festkleben. Das Papier
nun so zusammenkleben, daß eine
Rolle entsteht.

In die Mitte des Dosenbodens aus
leichter Pappe eine Manschette für
die Kerze festkleben. Dazu den ein-
gekerbten Pappstreifen rund zusammenkleben, die Kerben nach außen
falzen und die Manschette nach
Belieben innen mit Alufolie (mehr
Sicherheit!) auskleiden. Den Boden

in die Pergamentrolle einpassen und
festkleben.

In den Deckel der Dose ein so großes
Loch schneiden, daß ein Rand von
nur ca. 1 cm stehen bleibt. Durch dieses Loch kann die Wärme der Kerze
gut entweichen. Den ausgeschnittenen Deckel am inneren Rand mit
Klebstoff bestreichen, auf die Pergamentrolle setzen und rundherum
festdrücken.

Gegenüberliegend in den Rand des
Deckels 2 Löcher bohren. Den Draht
durch ein Loch stecken und verschlingen. Zu einem Halbbogen biegen und in der Mitte gleich mehrmals
um den Stock wickeln, so daß dieser
festsitzt. Das andere Ende des Drahtes in das zweite Loch stecken und
verschlingen.

Lampions

Kürbisgespenst

Der Kürbis muß sorgsam behandelt werden, da er leicht platzt. Am Stielende den Kürbis vorsichtig einritzen, so daß das bezeichnete Stück, wenn es durchgeschnitten ist, wie ein Deckel abgenommen werden kann. Den Deckel beiseite legen. Mit dem Löffel das weiche Fruchtfleisch und die Kerne entfernen. An einer Seite von außen her Augen, Mund, Nase und Tätowierungen einritzen, durchstechen und das Fruchtfleisch herausnehmen.

Am Boden des Kürbis die Kerzenhalterung einsetzen und eine Kerze so einpassen, daß sie bei geschlossenem Deckel noch genügend Sauerstoff zum Brennen hat. Ein Grablicht ist evtl. besser geeignet, dies muß ausprobiert werden.

Statt des Kürbisses kann man auch eine Runkelrübe verwenden, falls man in einem Rübenanbaugebiet wohnt und sich vom Bauern eine erbittet.

Das Kürbisgespenstschnitzen ist eine Erinnerung an Kindertage im Dorf. Im Herbst, wenn die Kürbisse reif waren, fiel schon mal einer an die Kinder ab, weil er vielleicht schon faule Stellen hatte und nicht mehr zum Einmachen taugte. Daraus wurde dann der Gespenstkopf gebastelt. Der ausgewählte Kürbis bekam eine Fratze eingekerbt und wurde von innen mit einer Kerze beleuchtet. Das Gespenst selbst hatte sich ein altes Leintuch übergehängt und trug seinen Kopf ganz ungeheuerlich unter dem Arm, neben, über oder unter sich herum. Die Gaudi war groß, wenn endlich ein Opfer auftauchte, das sich auch noch das Fürchten lehren ließ. Heutzutage muß man sich seinen Kürbis wahrscheinlich auf dem Markt kaufen, wenn man nicht einen geschenkt bekommt von einem freundlichen Gartenbesitzer. Oder ganz anders: Man zieht sich sein Gespenst in einer Gartenecke selbst groß.